発展的TAのための
ドンキーブリッジ

—交流分析を覚えやすく、使いやすくするガイドブック—

ジュリー・ヘイ 著
Julie Hay

繁田千恵 監訳

橋本由香・岡野亜希子 訳

DONKEY BRIDGES FOR
DEVELOPMENTAL TA

MAKING TRANSACTIONAL ANALYSIS
ACCESSIBLE AND MEMORABLE

Second Edition

風間書房

DONKEY BRIDGES FOR DEVELOPMENTAL TA
MAKING TRANSACTIONAL ANALYSIS ACCESSIBLE AND MEMORABLE
Second Edition

By Julie Hay

日本語版刊行にあたって

　この本は、私がある国際会議でプレゼンをするにあたり、日本語通訳をする人向けにメモ書きを作るよう依頼されたことがきっかけで、誕生しました。メモをまとめ始めたところ、完全な本に仕上がってしまったのです。この本が、たくさんおいでになる日本の読者のみなさんが活用できるようになったことを、大変うれしく思います。この本で紹介した、もともとの理論提唱者の方々に感謝するとともに、この本の翻訳に携わり懸命に尽力してくれた方々に感謝をしたく思います。私もそうなのですが、その方々は、TA の知識が人々の生活にポジティブな影響を与える、ということに心動かされているのでしょう。私は、理論のコンセプトを単純化しましたが、その方法を楽しんで頂ければと思います。さらに、それらの考え方が洞察力と理解を与え、他者とともに学びを分かち合えることを希望します。

ジュリー・ヘイ

ジュリー・ヘイ先生は、TA界において長年にわたり活躍されています。彼女は、ヨーロッパと国際TA組織（EATA and ITAA）の両方において、会長を務めていました。英国をベースとしたTA研究所の副会長として、そして3人の創設者の一人であり、さらには英国をベースとした発展的TA研究所の初代議長として貢献して来られました。

2009年には、発展的TA国際センター（www.icdta.net.）を設立しています。

また、発展的スーパービジョン国際センターも設立しています。

ジュリー・ヘイ先生は、国際的グループに属するTA仲間達、その全員が、国際TA学会またはヨーロッパTA学会による認定者なのですが、その彼らと協力しTA資格を考案しています。詳細については、こちらのサイト（www.jcdta.net and www.jcdsv.net）を参照、またはジュリー・ヘイ先生ご本人にお問合せ下さい（Julie@adinternational.com）。

ジュリーは英国内で進行中のTAトレーニングを継続的に提供し、現在ではウクライナ、ポーランドやトルコでのプログラムを主導しています（www.adinternational.com.）。彼女は他の国で定期的に仕事をし、ITAAやEATAの後援者として、世界における経済的に不利な地域にいるグループに向けたボランティアの '旅するトレーナー' として招聘可能です。

ジュリー・ヘイ先生による、コンサルティング、コーチングそしてスーパービジョンは予約にて受付けています。TA以外にも、アセスメントや開発センターの設計・運営、そして企業内メンタリングおよびコーチングスキームを設定することに長年の経験をお持ちです。彼女はまた、NLP（神経言語プログラミング）の認定トレーナーでもあります。

欧州メンタリング・コーチング評議会の創設者、そして2006年〜2008年の間は会長職を務めました。

ダン、ベン、ジョシュ、ゲイブそしてノアへ

そんな喜びを私に、もたらす次世代はまた
'脚本っぽい' 行動が素晴らしい結果に
繋がる可能性を持つことを証明しています

目　次

セクション

図の一覧

謝　辞

　各理論を生み出してくださった方々に深く感謝をしています　―　これらの理論なしには、ドンキーブリッジに変換するトピックはなかったのです。

　私に TA を教えてくださった多くの方々に感謝をしています　―　特に、私が教える方法の基本を提供してくださった方々に。

　私が主催したワークショップに参加してくださった方々に感謝しています　―　より良いドンキーブリッジを作り出すのを助けてくださって。

本書について

　この本の第1版は、1994年のアルバ（カリブ海）のTA国際大会で行ったセッションの準備として書きました。セッションの内容を日本語通訳のために用意してほしいと頼まれて書いたのです。書き上げてみると会議のセッションよりもっと膨大な資料になっていました。セッションに参加した日本人はみんな英語が達者で通訳はいりませんでした。そして通訳のために用意した資料はこの本となり、それ以来、売れ続けているのです。

　私が強調したいのは、国際大会で行われたセッション、即ちこの本の内容は、既にTAをかなり勉強している人たちが、他の人、それも自己成長のために学ぼうとしている人を援助するために用いる、ということです。ですから私はTAの概念の説明は最小限にとどめ、追加情報を手に入れてもらうための参考文献を提供しています。それらの資料は、私が取り入れて、私の著書の中で使っている諸概念の起源も示しています。

　この本だけでTAを教えることは、実践として良いとは言えません。この本はあなたがTAを紹介するとき、わかり易く覚えやすいものにするための、いくつかのアイデアを提供しています。この本は専門家レベルの知識と能力を発達させるための基本的な理論の詳細を提供するものではありません。これはお堅いTAの勉強、つまりいくつかの語彙を学んで、そして何の体系的な知識なしにTAを語る、そのようなものの代用品とは違います。

　私は1970年代に初めてTAを紹介されました。私はすぐに病理に焦点を当てることに疑問を感じ始めました。私は、私たちが人々のドライバーに合わせれば、彼らとよりうまくやっていくことが出来るだろう、と提案しましたが、それは悪いアイデアだよと言われたことを思い出します。後に、私はドライバーの肯定的側面として、ワーキングスタイル（第6章参照）の概念を発展させました。そして、今もTAの概念の領域に働きかける、肯定的な方法を工夫し続けています。このことは、私にとって、これまでの文脈に基づいて、私たちなりの意味を構築しているように思います。発展的TAは成長についてのものです。従って私たちが進んでいくためには肯定的モデルが必要です；心理療法は治癒を目的とするので、より深い病理のプロセスへの理解が必要です。今日では発展的TAはポジティブサイコロジー（セリグマン　Seligman, 2002）のアプローチにふさわしいと私は認識しています。だからこそ、この Donkey Bridges（ロバの橋）なのです。

本書の構成

　特定のトピックに関して Donkey Bridges が見つけやすいように、いくつかのセクションに分けています。「発展的TA」「Donkey Bridges」という用語についての説明から始めます。あなたが

自分のクライエント、参加者、学生にＴＡを説明し、どのように教えるかの両方について使うことができるでしょう。

　それから、専門家としてＴＡを他の人たちに教えるときに使える契約とその他のいくつかの要素を見直していきます。

　次に Donkey Bridges はＴＡの鍵と言える目的－自律性－と関連しています。いかに脚本がより柔軟で肯定的な認知を作り上げているか、を提供することが出来ます。その後、私たちの準拠枠を作り上げている脚本と深く密接な関わりのある世界の窓を提示します。

　続けてＡＰ³の章に入ります：これは査定の立方体で、個人のスタイル、仕事のスタイル、リーダーシップのスタイル、ストロークの好みとプロセスなどを含む自我状態の様々なモデルと関連したDonkeyBridges をまとめたものです。

　そして内的なプロセスの章では、どのように行動に現れるか、そしてグループで何が起こるか、個人より組織の分析という形で続いていきます。

　最後の部分はリーダーシップについてです。どのように変化に対応するか、最後にはあなた自身の実践家としての能力をいかに成長させるかについて述べています。

著作権

　本書は著作権で守られています。本書を丸ごとコピーすることはおやめください。本書の中の考えを使うことは大歓迎ですし、ぜひそうしてくださるようにお勧めします。数行以上のコピーがほしい場合は、Sherwood Publishing まで、許可を求める連絡をください。メールで十分です。もし図や表をあなた自身のテキストで使われるときは「引用許可」の文言をお書きください。

　本書の中で使用されている個人名は、プライバシー保護の観点から変更しています。

第1章　発展的ＴＡ

老人と洪水の物語

　　生まれ育った家に住み続けている老人がいました。老人は長い長い間、その家に住んでいました。

　　ある日、雨が降り始めました。雨は降りました。そして雨は降り続けました。そしてそのあたりの土地は洪水になりかけていました。

　　しばらくすると、一人の農夫がトラクターに乗ってやってきました。老人はトラクターが近くに来る音を聞きました。老人の家の近くに来た時に農夫は老人に呼びかけました。「洪水から救い出すために来ましたよ」

　　しかし老人は言いました。「わしは、ずっと生まれた時からここに住んでいるんだ。ここはわしの家だ。神様が守ってくださるから、わしはここにいる」

　　それを聞いた隣人はトラクターで行ってしまいました。トラクターの音は遠くに消えていきました。そして雨は降り続き、水かさは増していきました。

　しばらくして、警官が救命艇でやってきました。老人は警察のサイレンの音が近づくのが聞こえました。救命艇が家の近くに来たとき、警官は老人に叫びました。「洪水から助けに来ましたよ。私と一緒に行きましょう」

　しかし老人は言いました。「わしはずっと生まれた時からここに住んでいるんだ。ここはわしの家だ。神様が守ってくださるから、わしはここにいる」

　　それを聞いた警官は救命艇で行ってしまいました。警察のサイレンは遠くに消えていきました。そして雨、雨、雨。水かさは益々増してきました。

　　しばらくして、ヘリコプターが飛んできました。老人はヘリコプ

ターが近づいてくるエンジンの音を聞きました。それが家に近づいたとき、パイロットは老人に「助けに来ましたよ、私と一緒に来て」と言いました。

　しかし老人は言いました。「ずっと生まれた時からここに住んでいるんだ。ここはわしの家だ。神様が守ってくださるから、わしはここにいる」

　それを聞いたパイロットはヘリコプターで行ってしまいました。ヘリコプターのエンジンの音が遠くに消えていきました。そして雨は降り、雨は降り、雨が降りました。水かさは増し、ついに老人は溺れてしまいました！

　そうして、老人は神様に会いました。そして神様に文句を言いました。「なんで私を溺れさせたのですか？　なぜ助けてくれなかったんです？」

　神様は答えました。「トラクターや警察の救命艇、ヘリコプターを誰が送っていたか考えましたか？」

理論と技法と道具

　あなたが今読んだこの物語はＴＡの真髄を描いています。エリック・バーンは私たち一人ひとりが今ここでの問題に対応できる「成人」の自我状態（Adult ego state）を持っていると書いています。彼は患者にＴＡを教えたので、彼らは彼ら自身をどのように変えるか、を自力で解決できたのです。そのために我々が必要とするのは、

- **クライエントに理論を教えること**
- **技法をどのように適用するかについて援助すること**
- 自分自身のために**道具**を使わなければいけないとクライエントが理解するのを確認すること

　発展的ＴＡの原理の鍵は、以下のように言うことができます：

　　　　私たちは壊れていない：　　　　　　私たちは成長している

　　　　私たちは修繕する必要はない：　　　私たちは肥料を必要としている

実践家のつるはし

　ときどき私たちは、大地にまかれたけれどコンクリートに覆われてしまった種のように感じます。誰かが来て覆っているコンクリートをつるはしで砕いてくれたら、私たちは顔をだし、光に向けて

成長し始めるでしょう。もしも彼らが栄養を補って、私たちが自分自身をオープンにする十分な強さが持てるまで雨風から守ってくれたら、もっと良くなるでしょう。

　実践家として、私たちはつるはしを持ち、いかに割れ目を作るかを知ることです。

　発展的ＴＡはノンクリニカルな分野に適用します。これはＴＡの古典派のスタイルと言えますが、さまざまなＴＡのアプローチからも借用しているのです。

　自助（self-help）に関するメッセージは特に発展的ＴＡでは明らかです。心理療法でのＴＡやＴＡを用いた治療的カウンセリングでは、セラピスト・カウンセラーとクライエントは一定期間、共働するという契約に同意します。組織、教育、カウンセリング／コーチングの場合、接するのは本当に限られた時間だけです。彼らがトレーニングコースに来ても、たぶんその後は会うことはないでしょう。私たちが企業に特別なプロジェクトのためにファシリテーターとしてあるいはコーチとしていく場合を除いては。

　私たちは、契約の場合、常に２つ以上の関係者が関与することを知っておかなくてはなりません。加えて実践家とクライエント、それは組織の中のシニアマネージャー、人事の専門家、教頭、クライエントの業務上のマネージャー、あるいは学校では生徒と彼らの両親であるかもしれません。これらの利害関係者はいつでも契約を破棄することが可能でしょう。

　私たちはすぐに教えることができる方法を必要としています。それらは分かりやすく、私たちがそばに居なくても使うことができるものです ── だからこそ、Donkey Bridges なのです。

第2章　Donkey Bridges ― ロバの橋

　それでは、Donkey Bridges とは何でしょうか？　Eselsbrucken^{エーゼルスブルッケン}とは、ロバの橋を意味するドイ ツ語で、人が学んだり、思い出すことをトレーナー達が助ける方法を意味します。

　ロバは勤勉で懐きやすく、ストロークすれば喜ぶ動物です。ロバが橋を渡るには助けを必要とし ます。なぜならば、ロバの準拠枠は狭いので、新しい土地に行くのがいかに楽しいか、想像するこ とが難しいのです。ひとたび私たちが、彼らが橋を渡るのを助けるならば、彼らは新しい土地を楽 しめるのです。もっと多くの橋を渡ることを助けるならば、ますます彼らは冒険を好むようになる でしょう。

　私が使う7つのタイプの Donkey Bridges があります。そしてそれらを思い出すための Donkey Bridges をこしらえました。それは "誰かが近づいてきて、素敵な実行できるアイデアを沢山くれ た！" です。

　Donkey Bridges のタイプとは、**物語、頭韻、しかけ、映像、ラベル、言葉、関与**です。

　本書で書いていることは、Donkey Bridges の一連の見本です。単独で使われるものもあれば、 物語と映像、関与、しかけ、頭韻、そして／あるいはラベルの組み合わせで使われるものもあるで しょう。

物語（STORIES）

　物語は枠組を提供するので、思い出す助けになります。1つのグループに、とても短い時間で項 目のリストを覚えるように渡します（リストを読むのに十分なだけの時間で「牛、釣竿、自転車、 日光、朝、魚、歩く、痛み、野原、川、ピクニック」）。もう一方のグループには同じリストを、潜 在的な物語が浮かぶように順番に並べて渡します（「朝、自転車、釣竿、川、魚、日光、歩く、ピ

クニック、野原、牛、痛み」)。すると 2 番目のグループの方がたくさんの言葉をより正確に思い出します。(もう一方のグループはしばしば提示されていない言葉を加えます!)

　Donkey Bridges の物語には、おとぎ話、ジョーク、実際の生活からの例が含まれます ―― 登場人物がいて、何かが起こるものであれば何でも、です。
　エリック・バーンは、Cyprain St. Cyr(サイブレイン セント サイヤ)と名付けられた多くのショートストーリーを書いており、その中で同じ登場人物をしばしば使いました。それぞれの小さいヴィネット(小作品)は教訓的または、挑戦的な質問が含まれていました。同じように個人的な逸話やトレーナーの自己開示、そして事例研究は、トレーニングの内容をより活性化させるのに役立ちます。

　あなたが読んだ「老人と洪水」の物語は、どのように私たちが物語をメタファー(隠喩)として使うことができるかを示しています。この物語の根底にあるメッセージは、ＴＡの知識だけでは十分ではない、ということです ―― 私たちは私たちに提供されたものを使って準備をしなければなりません。これはトレーニングコースで使われるパワフルな物語で、特に参加者が、それ(ＴＡ)は、役に立つのか(違いがあるのか)という疑いを持った時に使われます。この物語がまたジョークである、という事実が影響力を増加させるのです。

　ＴＡ初期の同じような物語といえばスタイナーの「あたたかくてふわふわなお話」(Steiner,1969)(第 7 章 ストロークを参照)とバーンの猿の話があります(第 4 章 自律性と脚本を参照)。おとぎ話を使って、脚本にラベルを貼る(赤ずきんちゃん・シンデレラ等)、そしてプロセス脚本の神話(タンタラス・アラクネ等)は同じように Donkey Bridges なのです。既に知っているおとぎ話や神話を提供することで、よりＴＡの概念が理解しやすく、覚えやすくなります。

　メタファー(隠喩)はしばしば私たちが意図したより多くのものを、あるいは私たちが意識して気づいている以上のものを包含しています。ですから、あなたがそれを使う前に次のＥＥＥＥをチェックすることは賢明な準備と言えます。

- **具体化(embody)** ― この物語を考えたり、話したりするときに、あなたや他者はどのように感じるか? 身体感覚としてどのようなインパクトがあるのか?
- **包含(encompass)** ― この物語はどれくらい広くあなた自身やクライエントの在り方に響きますか? 人生のどのあたりを包含しますか?
- **強化(empower)** ― 物語がどんな'力'を提供するのか? 物語をより強化するために、どのように調整できるか?
- **必然性(entail)** ― この物語が真実だとしたら、どのような隠された因果関係が人生にはあるのか?

　例えば、インドのトップマネージャーたちのチームは、彼らの組織はスタートの動きは遅いが、

ひとたび動き出すと誰も止めることの出来ないゾウのようだ、と結論付けました。それまで彼らが見過ごしていたことは、背後で起こっていることを全くわかっていなかった、ということでした。そこでは、小規模でより戦略的な競合他社が顧客の変化する要求に対して流動的に対応し、得意先を獲得していたのです。

頭韻（ALLITERATION）

　私が頭韻を使う時、頭韻を嫌う人達もいますので、違う文字からスタートするように変えて一向に差し支えないと伝えます。苦痛も選択肢の一つです！

　これまで、私は頭韻を２度使いましたが、それは理論（theory）── 技法（techniques）── 道具（tools）、そして、具体化（embody）── 包含（encompass）── 強化（empower）── 必然性（entail）です。

　私はこの本の後半で、気づき（awareness）＋変更（alternatives）＋本物（authenticity）＋愛着（attachment）＝自律（autonomy）といったことを提案するし、測定可能（measurable）、管理可能（manageable）、動機付け（motivational）といった目標も必要だということを提案します。

　他には、映像やしかけ、ラベルに関係したいくつかの例があります。インパクトを大きくするために、いくつかのタイプの Donkey Bridges を組み合わせることもあります。従って、帆船サクセス号の帆は成功へのステップを表す‘s’から始まります。私たちのストロークの好みは、ドライバーにつながっている‘p’から始まり、私たちの性格は‘c’から始まります。人生の立場は‘h’から、あるいは、私たちがアサーティブにそれに関与していれば‘a’から始まります。

　頭韻は翻訳される必要はありません。それより他の言語には新しい言葉のセットが必要でしょう。あなたに創造的になることをお勧めします。

しかけ（GIMMICKS）

　しかけは、バーンがゲームはしかけ（gimmicks）とわな（cons）から始めると言っているように、注意を引くための装置です。私たちは色の違うマジックテープの切れ端を、しかけとして使ってゲームを教えることができます。数人の人がマジックテープの片方だけを渡されて、動き回って彼らのマジックテープが他の誰かのテープに触れたとき、何が起こるかを見るように言われたならば、彼らは誰かとつながり、他の誰かとはつながらないことがわかるでしょう。これは私たちが、自分とくっつくフックの組み合わせを持っている人に会った時だけ、どのようにゲームをするかを説明しているのです。それはまた、私たちがそもそも自分達自身のフックの組み合わせを持ち続けてい

なければならなかった、ということなのです。もし私たちが自分自身にいくつかのフックを持っていなければ、彼らは私たちをゲームに引き入れることはできないのです！

　そして、しかけは、私たちが発展的ＴＡを教える時に、すべてにわたって注意を向けさせる手段として、いくらでも使うことができます。小型のノートと小さなシールを使ってトレーディング・スタンプを説明することも、もう一つの例です。ベビーパウダーの缶（または研修所の食堂から借りてきた塩の入れ物）を使って、彼らが学んできたＴＡを使う必要性を強調することが出来るのです：変化はただ奇跡として彼らに起こるのではないのです。私たちはベビーパウダーや塩を振り撒いても、それが他人を変える魔法の力にならないことを示します。そして次のように指摘します。

ゆすって作るのは偽物だ
shake and make is fake

　第４章で出てくる、銀色の縁取りのある良い意図、相手の望むよう対応するプラチナの法則、そして関係性を作る黄金色の橋に目を向けると、それらもまたしかけなのです。

　目標の設定に関し、測定可能、管理可能、動機付け、という言葉を頭韻のところで述べました。── これらのしかけは、後の第 15 章 “変化” の章でＭ＆Ｍ's チョコレートの話につながります。

映像（PICTURES）

　映像は素晴らしい Donkey Bridges を創ります。私たちは聞くと同時に目で見ることで、もっと記憶できるからです。これは、トレーナーが視覚教材を使用することがなぜ大切かの答えです。それらは CRISP（新鮮で明快）である必要があります。

CRISP visual aids
- Clear
- Reinforcing
- Interesting
- Simple
- Presented

- **明確（clear）** ── 大きな文字。後ろの席からでも見えるように。
- **強化（reinforcing）** ── 話している内容に合っている。重要事項をカバーする。
- **興味深い（interesting）** ── 色。絵・写真。漫画。その他様々なもの。
- **シンプル（simple）** ── 重要なポイントに絞る。略図を示す。取り入れやすいように。
- **提示（presented）** ── 十分時間をとること、提示し終わったら動かすこと、プレゼンターが隠さないようにすること。

　私たちは、細かくシーンを描写することで、言葉によって映像を描くことができます。私たちが自我状態の行動上の要素を説明する時に、親のように腕組みをしたり、子どものようにそわそわしたりすることで、自分自身が映像になることもできます。

　図式はまた絵であり、ＴＡでは特に重要なものです。後に示す脚本図式や自律の図式は、自我状態の３つのサークルが行き詰まった状態に馴染みのある人にとって、有効な Donkey Bridge となります。

　後の章で、私が使っている図がもっとたくさん出てきます。それは帆船サクセス号という組織の重要なカギとなる要素や、値引きの図式にある６つのトリートメント・レベルに代わる成功へのステップのセット、人生の立場と同じような世界の窓などです。

　メタファー（隠喩）として絵や図式を使う場合は、その下に横たわる、しかし意図しないメッセージに気を付けてください。バーンに従った人生脚本の図式は、たくさんのＴＡの本に示されています。バーンは矢印を「親」から「子ども」へと書きました。それは「親」が「子ども」の自我状態に切り込んでいくということです。これは何かがあなたの中に挿入され、それは取り除くことが難しく、たぶん扁桃腺摘出より苦痛を伴うという、強く、しかし無意識のメッセージをあなたに与えるでしょう。

　さらに脚本図式と自律の図式を比べてみる ―― そして二つの図の違いを認めましょう。一つの図は明らかに両親が子どもを押し下げ、反対に一つは子どもを持ち上げているのです。

ラベル（LABELS）

　バーンは覚えやすく、人を惹きつける、簡単でしばしば日常語のようなラベルを沢山用いました。例えば親、成人，子ども、です。脚本、ストローク、絞首台の笑い、ラケット、スタンプ交換、ゲーム、電極、小さな教授も然りです。ファニタ・イングリッシュは非常に適切なイメージを彷彿とさせるホットポテト、そして Sleepy, Spunky, Spooky（眠たい、お尻を叩く、気持ち悪い）という名前を「子ども」の自我状態の各部分につけました。

　幾つかの現存するＴＡのラベルは、多くのＴＡコミュニティ以外の人にも、その出所も知らずに使われています。例はストロークや人々の行うゲームに含まれています。あなたも気づかれるでしょうが、私もまたいくつかのゲームの名前を変えました。それはゲームの最初の名前が偏見に満ち、攻撃（不快）の元になるからです。

　私は発展的な応用をするために、よりふさわしい形に他のＴＡラベルを変換しています。人生の

立場は世界の窓；自我状態はパーソナルスタイル（行動面）、そして思考スタイル（内的なもの）；ドライバーはワーキングスタイルです。

　いくつかのＴＡラベルはそのまま残しました。なぜならそれらは特異で、人がそこで留まり考えるからです。それらは、グループ・イマーゴ ── イメージという言葉がほとんど同じ意味ですが、響きが普通すぎます；ディスカウント ── いかに私たちが、自分自身、人々、そしてその状況の利得を減らし、いかに自分達が風変わりになり得るかを強調することの説明；ラケット ── もし彼らが期待に応えるように振る舞わなければ、何が起こるかという巧妙に隠された脅しで、悪漢達は人々を操作します。その時に自分を守るための保護的ラケットの物語を語ることができるからです。

言葉（WORDS）

　ＮＬＰを取り入れて、私たちが使っている用語の潜在的な催眠的効果を明示します。私の同僚ピーター・エメリー（Peter Emery）と私は様々な行動的な言語パターンを仕分ける方法を考案し、図 2.1 に示されているように記憶の補助用具として手を使います。

図 2.1　言語パターン形式

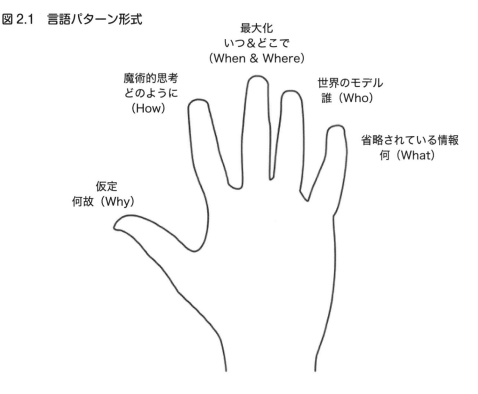

省略されている情報

- ■ 　単純削除（Deletion）とは、私たちが表に出している姿から何かを省くとき。

例．私は混乱している（しかし何についてかは言わない）

- **比較削除（Comparisons）** とは、完全な情報を提供せずに比較測定器を使用して差異を示す場合のこと。

  例．このようにやった方がいいよ。

- **不特定指示詞（Unspecified Referential Index）** とは、誰が何をしたかの詳細を与えないときに起こる。

  例．彼らは聞かない。

- **不特定動詞（Unspecified Verbs）** とは、行動を明確にするのに不十分な言葉を使うこと。

  例．今やりなさい。

- **名詞化（Nominalisations）** とは、行為を事柄に変えるときに生まれる抽象名詞です。愛することは愛になります。信用することは信用になります。名詞化されているかどうかの簡単なテストは、手押し車に載せることができるものかどうかをチェックすることです！ もしそうでなければ、それは抽象的なものなのです。例．私は関係を断ち切った。

世界のモデル

- **叙法助動詞（Modal）** は無意識に私たちが固執する規則や境界を表現する言語である。

  例：このようにやらなければならない。さもなければ、私はできない。

- **遂行発話の欠如（Lost Performantives）** は、話し手が自分の経験をもとに世界を一般化する。

  例：こうすべきだ。

最大化

- **普遍的数量詞（Universal quantifiers）** は一般化である。（ＴＡ専門用語では誇張）すべて、決して、全くない、などをよく使う。

  例：それはいつも起こる

- **一般的指示詞（General Referential Index）** は私たちが一つのことや一人の人に起こったことを一般化する。

  例：すべての犬は凶暴だ。その‘ルール’は文章パターンにもまた、適用されるかもしれない。

  例：犬というものは凶暴だ。

魔術的思考

- **因果関係（Cause-Effect）** とはセンテンスが２つ（またはそれ以上）の違った意味の言葉から成り立ち、一つがもう一つを引き起こすような形となれば、原因と結果はゆがめられる。

  例：あなたが私を怒らせた。

- **複合等価（Complex Equivalence）** とは、二つの主張が繋がっているとき、それは同じことを意味している。

  例：もうあなたは私にキスしない —— あなたは私を愛していない。

- **読心術（Mind reading）** とは、しばしば言語以外の直感での反応のことである。しかし、それはしばしば妄想であったり、自分の感情を他者に投影しているのかもしれない。

  例：あなたはもう私を愛していない。

前提

- **前提（Presuppositions）** は私たちが使う言葉に組み込まれた予想である。意味のあるセンテンスの場合、それがあてはまる。

  例：いつ鼻をほじるのをやめたの？[※1]

　もし、私たちが学習者を支援したいと望むのであれば、私たちが使う言葉に注意を払い、無意識に制限をかけた状態にする言語を避ける必要がある。

関与（INVOLVEMENT）

　Donkey Bridges に関与を加えるのは余分なことかもしれない。明らかに人々がＴＡモデルを彼ら自身で活用していれば、それを覚えているだろう。しかし、私たちは学習のポイントを強化するために様々な活動をすることができる。例えば、ゲームを下のゾウとキリンを使い、ワーキングスタイルを描きながら説明する。このような子どもに似た行動が、大人のストレスをちょうど良い具合に生じさせ、彼らが自分のドライバーに目を向ける感覚をもつ。

ゾウとキリン —— 遊び方

　これを始める前に、身体的に不自由があり、これに参加するのに影響があると思われる人がいたら、代わりの動きを用意しておくこと。

　グループは円になり誰かが真ん中に立つ。通常はファシリテーターが、最初に見本を見せるためにここに立つ。

　真ん中の人は目を閉じ、グルグル回る。止まったら、目を開き、だれかを指して「ゾウ」または「キリン」と言う。

　もし「ゾウ」と言われたら、指された人はみんなの前で、片腕を上げ手首から先はゾウの鼻を真似てダラリと下げなければならない。

その両側にいる人達は、腕を曲げそれぞれの側の胴体のわきに‘ゾウ’の耳を形づくる。

　もし「キリン」と言われたら、指された人はみんなの前で、片腕を伸ばし、キリンの長い首に似せる。そのどちらの側にいる人たちも屈んで、‘キリン’側の腕で近くの床を指し示し、全部で4本の足を創る。

　一番遅い人、または間違えた人は真ん中の人と交代する。

　彼らは目を閉じ，廻り、また目をあけ、誰かを指して、「ゾウ」「キリン」と呼ぶ —— など。

　ゲームはあなたがドライバー（あるいはワーキングスタイル）を例証するのに十分と思うまで続け、それから何が起こったかを振り返る。「急げ」は、早くやろうとする。「完全であれ」は、腕が正しい方向に行っているかに拘る。「喜ばせよ」は、他の人の楽しさを壊すのではないかと心配する。「強くあれ」は、このすべてを嫌う。「努力せよ」は、突然、別の動物を加えるかもしれない。（“ペンギン” —— 2本の腕を翼のように前でバタバタさせ、どちらの側にいる人たちの腕もペンギンの足のようにさせる！）

　私たちは他の方法も関与に使うことができます。マジックテープの切れ端を使ってゲームの力動を説明するのも一つの例です。 —— グループへの説明を後からするのも、彼らの関心を引き留めておく一つの方法です！

　前に出てきた老人と洪水の話も、聞く人に音響効果 —— 雨、洪水、トラクター、救命艇のサイレン、ヘリコプター —— を使うことができます。

　契約は関与がない場合は使えないテクニックです。受講者にあなたが提供したいと申し出るものは契約ではありません；これらは少なくとも彼らの期待に見合っているか示さねばなりません。次の章でわかるように、もちろん、通常は彼らの求めているものをより詳細に論ずることがずっと良いでしょう。

日本語訳チームの解説

※1　鼻をほじるのをやめたかどうか確認していないで、「もうやめた」という前提に立って聞いている。

第３章　契約

　私たちがクライエントにはこれが必要だと考えるものではなく、クライエントが必要としているものに対して専門家としてそれに的確に応えるためには、契約が必要です。契約はＴＡの基本的原則です。もし契約が結ばれていなければ、本当にＴＡを適用しているとは言えません。

　契約は書かれている場合、書かれていない場合があるでしょう。言葉での契約も契約です。主なポイントは私たちがＴＡを用いて誰かの成長を意図するときに、私たちがなぜ相互に交流をするのかを話し合い、同意することです。

　契約なし＝ＴＡではない

契約の６Ｐのレベル

　契約は異なったレベルで行われます。無意識に行われるサボタージュを防ぐために、全てのレベルで明確になっていることが必要です。

- **手続き上（Procedural）** ― いつ、どこで、どの頻度で会うか、誰が記録をするのか、支払いは、キャンセルの手続きは？　のような管理上の詳細。
- **専門家として（Professional）** ― 分析のプロ、トレーナー、コンサルタント、教育者、メンター、コーチ他。何を提供するのか、クライエントの必要なものは何か、どのくらいクライエントのニーズに応えられる力があるのだろうか、どのくらいの料金が私の仕事に支払われるのか、クライエントが彼ら自身の成長に何を貢献する用意があるだろうか。
- **目的（Purpose）** ― なぜ一緒にやろうとしているのか、あなた及び契約に関わるその他の人たち、そしてクライエントは何を達成したいのか、あなたは（互いは／みんなは）、クライエントの達成したいものが獲得された時、どのようにそれを知り得るのか？
- **個人的（Personal）** ― どのように私たちは関わっていくのか、友好的か距離をとっていくのか、何がふさわしい相互交流スタイルなのか？　例えば、養育的か、挑戦的か、問題解決的に？
- **心理的（Psychological）** ― 私たちの気づきの外では何が起こるだろうか、プロセスで私たちのどちらか（または私たちの中の誰か）に、サボタージュは起こるだろうか？
- **成長原理（Physis）** ― クライエントの総合的な成長と発展にこの目的はどのように適合するか、彼らにとって環境的に健全か、この仕事は私自身の援助職としての能力を発展させたいという衝動にいかにフィットするのだろうか？

コーナーの目

　ファニタ・イングリッシュ（Fanita English）の論文「3コーナーの契約」の大事なポイントは、他の人たちがどのように彼らの間で同意するか、です。私はこれを説明するときに3つのコーナーに目玉を書き、それぞれの利害関係者がお互いの契約の知識を持っていることを強調します。（ここにその時に話された内容を入れる必要はありません）

図3.1　コーナーの目

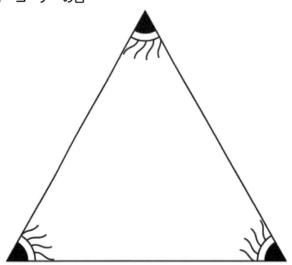

保護、許可、能力

　契約の6Pのレベルを以下につなげることができます。

- **保護（Protection）**
  - ―手続き上（procedural）― クライエントを保護するため、誤解を避ける明解な枠組みと境界線をもうける。
  - ―専門家として（professional）― 自分の有能な力だけを提供する。クライエントは可能な限り最も上手い介入を得る。
- **許可（Permission）**
  - ―目的（purpose）― クライエントに、直接あるいは間接的に彼らが目的を達成できることを示す。
  - ―個人的（personal）― 許容し、可能性を与えるやり方で、相互交流のやり方に合意する。
- **能力（Potency）**
  - ―心理的（psychological）― 心理の下に隠れている力動を表面に持ち出す。テーブルの下のゾウ、あるいは魚について話す。
  - ―成長原理（physis）― クライエントの自然な成長欲求は、はずみとなる。

図 3.2 P 3 ＋ 6

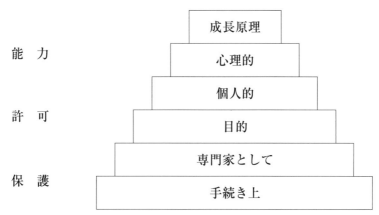

能　力

許　可

保　護

（ピラミッド上部から）成長原理／心理的／個人的／目的／専門家として／手続き上

　アン・デ・グラフ（Ann de Graff）は、クロスマン（Crossman）の 3 つの P（1966）を別のやり方で定義しています。（アンの許可を得てここに記載）

能力（Potency） 　　　＝ 聖職者（Priest）、より偉大な力とつながる

許可（Permission） 　＝ 預言者（Prophet）、クライエントが可能性を見ることを助ける

保護（Protection） 　＝ 牧師（Pastor）、クライエントの幸せを世話する

倫理的操作

　人は、他の人とよりうまく関わる、というスキルを教えられた時、単に操作方法を学んだだけなのではないかと心配します。これは確かに真実です。私たちが行う全てのことはある意味、操作と言えます。私たちが誰かを見ると、彼らは反応します。私たちが話しかけ、相手は返事をするかどうかを決めます。操作はしばしば直接的であったり、巧妙であったりします —— しかし、それはまた上手に対処しているとも言えます（芸術家が、自らの手を使って材料を巧みに扱うように）。

倫理的操作の本質は：

- **認識する（recognize）** — 私たちの動機、他者の好みや欲求を意識する
- **尊重する（respect）** — 他者が異なった期待や望みを持つ権利
- **反応する（respond）** — 他者のスタイルを考慮に入れる

Ｒ４Ｃ４Ｐ４のグラウンドルール

　以下は、共同作業するためのグラウンドルールづくりに、参加者を招くためのチェックリストです。あなたは、以下のどれが彼らに関連するか考えるよう、グループを招くことができます。

尊重（Respect） ── 全ての意見は尊重され評価される、全員に同じ権利がある、全てが敬意を持って扱われる、全てを肯定的意図であるとみなす。

責任（Responsibility） ── グラウンドルールは全ての人が賛同して関わり、それぞれが責任を持つことで存在しうる。各人はファシリテーターを含めた他のグループメンバーに、グラウンドルールに対する共同責任の承諾を明確にすることが必要である ── そして、もし必要であれば再交渉を要求することもできる。

関係性（Relationship） ── グループで互いに助け合うことで、たくさんの成長が生まれる。ゆえにグループはいかに互いに支え合うか、いかに親しい信頼できる関係を作り上げるかを考える必要がある。

結果（Results） ── 目的を覚えておく必要がある。組織の変化、よりよいマネージメントなど ── グラウンドルールは結果の達成を強調して反映する必要があり、単にどこかの問題について話し合うためのものではない。

守秘義務（Confidentiality） ── ゴシップはしない ── グループの部屋で話されたことを外へ持ち出さない。（本人が言ってもいいと言った場合以外は）

関与（Commitment） ── グループや私たち自身に対して ── 私たちがしていこう、私たちがすると言うこと ── あるいは私たちがなぜ、私たちの考えを変えたかを説明する。

コミュニケーション（Communication） ── アクティブ リスニング、一度に話すのは一人だけ、理解を助けるための、多くの言い換えや要約で誤解を最小限にする。

挑戦（Challenge） ── フィードバックから価値ある学びは得られる ── 相互に正直で建設的な批判を与え合うことが必要。（挑戦とサポートのバランスをとること）

参加（Participation） ── みんなが参加する ── 学習を促進するためにデザインされた活動の範囲があるだろう ── 私たちの学習は、そこに参加し、フィードバックをすることで他者の学習を助けることができる。

プライバシー（Privacy） ── 誰もがパスをする権利がある ── 彼らの個人的な情報を明らかにしない、特別なフィードバックを他の人にあげないなど。

準備（Preparation） ── 全ての人が各セッションの準備をしてくるだろう、宿題をしてくる、ア

クションプランを最新にするなど。

実際的な事柄（Practicalities）—現実の世界では私たちを遅れさせる事柄が起こる。言葉を変えて言えば、時間は待ってはくれない。どのくらい遅刻者を待つか、とにかく時間通りに始めるかどうかの合意が必要である — グループやファシリテーターに彼らが遅刻や欠席した時に伝える決まり事は何か。（ホテルの電話番号、ファシリテーターの携帯電話、どのくらい前に連絡するかなど）；セッションを休んだ人たちにどのように情報を渡すか。

第４章　自律と脚本

自律

自律はＴＡを教える上での目標です。自律的になることに私たちが必要なのは：

- awareness（気づき）— 今ここにいる、自分や他者が本当に誰かを知っている。
- alternatives（選択的）— どのように行動するか、何を選ぶかについて様々な選択肢を持つ。
- authenticity（本質的）— 仮面をかぶらずに本当の自分でいることができ、それでＯＫだと知っていること。
- attachment（親密）— 他者と気持ちを通じ、繋がることができる。

自律の３つの鍵

人と交流する時に自律を保つために助けとなる大事なメモ。

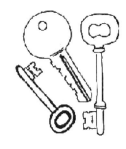

- 他者の**銀色の縁取り**※１を探そう、きっと好ましい糸を持っていると仮定し、そして彼らが否定的に行動していても、好奇心を持ってそれが何なのかを見つけよう。
  ※１：英語のことわざ「どんな雲も裏は銀色に輝いている」"Every cloud has a silver lining"から由来する。
- **プラチナの法則**を思い出そう —— 彼らの望むように行おう（あなたが望むようにではなく）

- 彼らに**黄金色の橋**を提供しよう —— あなたのところに気軽に来てつながりを作る、あるいは彼らが気持ちや行動を変える必要があれば、彼らの顔を立てるやり方を。

これら３つの大事な自律への鍵 — 銀色の縁取り、プラチナの法則、黄金色の橋 — は、アメリカン・インディアンが示唆するように行えば易しい — 少なくとも１マイルは他人の靴で歩け。彼らの靴を履き、彼らの準拠枠を分かち合うために最善を尽くせば、彼らによりつながることができるでしょう。

たぶんね

以下の物語は、今、ここにいることの有益な点とスタイルを描いたものです！

あるところに、村中から羨ましがられるほどとても良い馬を持った農夫がいました。ところがある日、馬はフェンスを飛び越えて走って行ってしまいました。村の人は、何と不幸なことだろうと農夫に言いました ── 農夫はみんなを見て、"たぶんね"と言いました。

数日後、馬は野生の馬を数頭連れて帰ってきました。彼はその馬を自分のものにすることができたのです。村の人は、何と幸運なことだろうと農夫に言いました ── 農夫はみんなを見て、"たぶんね"と言いました。

数週間後、農夫の息子が野生の馬の中の一頭に乗って調教しようとしていた時、馬は彼を放り出し、息子は足の骨を折りました。村の人は、何と不幸なことだろうと農夫に言いました ── 農夫はみんなを見て、"たぶんね"と言いました。

数日後、軍隊が村に来て若い男たちを戦争で戦わせるために徴兵しました。彼らは農夫の息子が骨折しているので徴兵しませんでした。村の人は、何と幸運なことだろうと農夫に言いました ── 農夫はみんなを見て、"たぶんね"と言いました。

してはいけないこと（SHOULDN'TS）

クリス・デイビドソン（Chris Davidson）は Donkey Bridges を発展させ、私たちにボブとメアリーが明確にした 12 の禁止令（Robert and Mary Goulding, 1976）を思い起こすことを助けてくれました。（クリスの許可を得て掲載）

- **自分（Self）** ── お前であるな（お前の性であるな）
- **健康（Health）** ── 健康であるな／正気であるな
- **他者（Others）** ── 属するな／近寄るな／信用するな／愛するな
- **理解（Understanding）** ── 考えるな、X について考えるな
- **生存（Life）** ── いるな／存在するな
- **発達（Development）** ── 成長するな／子供であるな
- **欲求（Needs）** ── 重要であるな
- **仕事（Tasks）** ── するな（何も）、成功するな
- **センセーション（Sensation）** ── 感じるな、Y を感じるな

すべきこと（SHOULDSS）

許可を援護するために、"してはいけないこと"を"すべきこと"と交換することができる。（最後に追加のSが必要）

- **自分（Self）**— 自分でいなさい
- **健康（Health）**— 心理的に健康でいなさい
- **他者（Others）**— 他者に感情面でも身体面でも近づきなさい
- **理解（Understanding）**— 考えなさい
- **生存（Life）**— 生きなさい
- **発達（Development）**— 自分の年でいなさい
- **センセーション（Sensation）**— センセーションや感情に気づきなさい
- **成功（Succeed）**— どんな方法でも成功はあなたにとって健康的だ

脚本

ＴＡの文献の中で脚本に関する記述のほとんどが否定的な要素に焦点をあわせています。ファニタ・イングリッシュ（Fanita English）は脚本の肯定的な使い方を述べています。── 私たちは人生をいくらか構造化することが必要なのです。

よって、私たちは脚本を**発展的なものと決定的なもの**に分けることができます。

脚本図式

映像のように、脚本図式は私たちが認識する以上に無意識のレベルに、よりインパクトを持つでしょう。私がDonkey Bridgesの映像を説明しながら述べたように、バーン（Berne）は両親から子どもの自我状態に向けて実線を描きました ── 言外の意味は両親がメッセージを挿入し、子供は無力だというものです。

もし、私たちが世話をしてくれる人からのメッセージを点線で描いた図式を使えば、もっと希望あるメッセージを与えることができます。これらの線がその子供に届いていなければ、より望ましいでしょう。これは私たちの脚本メッセージは私たちの解釈であり、それらは概ね隠された、あるいは心理的なレベルで取り上げられたものであることを示唆しています。世話をしてくれる人が何をしても、何を言っても、彼らはメッセージを私たちの中に挿入していません ── 私たちが解釈し、私たちが決定したのです。

図 4.1　脚本図式

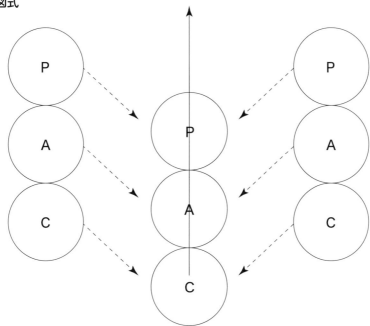

　私たちは自分の頭で脚本メッセージを作り上げたのです。ですから、自分の考えを変えることができるのです。これがＴＡの決断の本質です。成長の原理は私たちの成長と発達に向かう自然な主張です。そして、それに従うことによって私たちは古い決断を変えて新しいものを作れるのです。

　この人間成長の原理を強調するために、私たちが脚本図式を描く時には常に向上する矢印を描くことはいい考えです。そしてまた彼らが持っていたどのような制限よりはるかに成長することができる目印として、その線を、世話をしてくれる人達より高く伸ばすことです。

　私たちは時に新しい決断をすることに失敗しますが、その理由は私たちが転移・逆転移の中にいるからなのです。私たちは幼い頃のように自分に催眠をかけ、自分自身をトランス状態にして退行し、古いパターンを繰り返すのです。私たちは転移状態では、現在の自分や周りの人が本当に過去に居るように幻想を体験するのです。逆転移状態では周りの人が同じことを私たちにします。転移については後の章でもう少し述べます。

自律の図式

　図 4.2 で示されている図式のように、子どもの下に両親や養育者を描くと、非常に異なった印象を与えます——ここでは彼らは子どもを抑え込む代わりに支持的に子供を持ち上げています。また、トゥルーディ・ニュートン（Trudi Newton）は親や世話をしてくれる人にも向上する矢印を同様に加えることができると示唆しています。

図 4.2　自律の図式

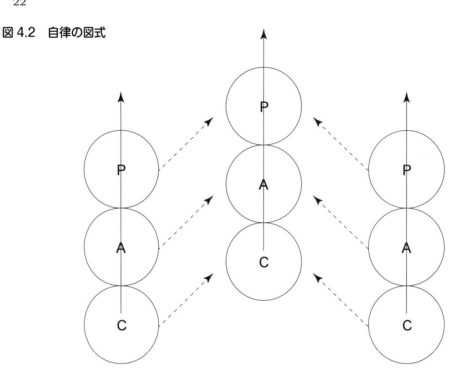

猿とオウムと泡

　私たちが発展的ＴＡを応用する時はいつでも、人々がより自律的になることを私たちは望んでいます。ＴＡの初期の文献の中に、特に関連性のある２つの物語があります。彼らはよく似たメッセージを伝えています ── それは私たちが想像するよりも、より早く容易に変化できる、というものです。

　　エリック・バーン（Eric Berne, 1968）の猿の例え話

　小さな男の子（または女の子、あるいは子ども）がいます。彼がとっても小さい時に両親は彼の胸に猿を縛り付けます。彼らはそれを援助のためにするのです ── 実際、彼らの友人たちは彼らの子供たちに同じことをします。それは少年の動きを制限し、そのため彼にできないことが出てきます。しかし彼は両親を信じているので、その制限の周りをぐるぐる回ることを学ぶか、あるいは適応していきます。そして猿は彼を安全に、そして両親が危険だと信じている行動を彼がしないように保ちます。

　しかし、彼は成長し、猿を持っていない人もいることに気づき始めます。彼らは望むことは何でもできます。そこで彼は猿を手離す時期が来たのではないかと考えます。

　彼は医者に行きます。医者は猿を縛り付けている紐の結び目を注意深く見ます。そして医者は言

います。結び目はとても複雑でほどくのには長い時間がかかるでしょ
うと言い、治療時間にかかる料金を見積もります。それは非常に高す
ぎるので、彼は治療をしないことに決めました。

　時は過ぎ、その男性は猿を持ち続けることによって押しつけられて
いる制約がますます不快になってきます。そこで彼は別の医者に行き
ます。

　この医者は非常に詳細に結び目を調べます。結び目は非常に複雑で、長い時間が経っていると言
います。ほどくためにはより長い年月がかかり、治療の料金も、より高い見積もりになりました。
再び男性は治療しないことを決めますが、同時に彼は失望を感じます。

　さらに時間が経ちました。たまたま男性は、また別の医者に行きます。その医者は大きなはさみ
で紐を切ります。猿の制約は解き放たれます。

　ブライアン・アレン（Brian Allen, 1971）は、猿の代わりにオウムが登場する同じような物語を
提示します。

　スージー（またはシプラ、またはソフィー）は小さな女の子で、お兄さんのサイモン（またはサ
バース、またはスリマン）がいました。両親はとても忙しかったので、サイモンにスージーの面倒
を見るように言いました。サイモンはまだ小さかったので、彼にとってこれは大きな責任でした。
そこで彼は両親がスージーに、どう振る舞うべきかについて言っていることを注意深く聞きました。
それから彼はオウムに同じことを言うように教えました。「言い返してはいけません」「ほかの人を
気遣いなさい」「いい子でいなさい」

　サイモンはスージーの頭にオウムを載せました。今や彼は遊んだり本を読んだり、スージーに注
意を向けることなく、好きなことがずっとできました。オウムが彼の代わりをしたのです。

　スージーが成長したとき、何をすべきだ、してはいけない、といっているオウムをまだ頭に載せ
ていました。これは彼女の人生にかなりの妨げとなりました。オウ
ムは友達を作ることや、彼女自身が楽しんだり、自信を持つことを
しばしば反対しました。スージーはオウムの指示に従った時は、し
ばしばみじめな気持になりました。

　ある日、スージーは医者に行き助けを求めました。医者は彼女を
治療するには何年もかかると言い、薬をくれました。スージーはも

っと落ち込みました。

やがて、スージーは別の医者に行き、助けを求めました。今度は、医者はすべきことはオウムを取り除くことだ、と言いました。スージーはこれには疑いを持ちました。なぜなら彼女はオウムを持ち続けることに慣れっこになっていたからです。彼女はオウムの爪が髪の毛に巻きついているので、それを引っ張って取るのは痛いだろうと考えました。

しかしながら、この医者はスージーに微笑んで、ちょっとした助けが必要なだけだよ、と言いました。そして医者は手を伸ばしてオウムを捕まえ、窓から放り出しました。オウムは一声鳴き、飛び去りました…永遠に。

バーンの物語は身体感覚がベースです —— 猿のたとえ話は聴き手にこの物語と彼らの感じ方とを繋ぐように勧めます。アレンの物語は、私たちが過去からの頭の中の声を意識するように聴覚のチャンネルに直接つながっています。視覚的なものならば、子どもを特別な保護的な大きな泡に入れる大人がいる、ということでしょう。この泡は、子どもが人生の不愉快な事実に向き合わなくても良いように守ることを意図したものです。本来は子どもの安全を保つのですが、泡はそれによって視界を遮ります。時に泡は、物事を実際より良く見せますが、しかしそれらのほとんどは、否定的な面だけが見えるようにねじ曲げたり、限られた思い込みを強化したりすることにつながります。

この物語の中で、最初の医者は泡の取り除き方を理解するために、たくさんの時間を欲するでしょう。彼らは様々な角度からそれを調べ、それを取り除くための表に現れていない可能性のある結果を理解するために時間を欲するでしょう。2番目の医者は悪い影響なしに、泡を破裂させることができることを知っているでしょう。人はその時、良くも悪くも現実をはっきり見ることができるのです。

脚本メッセージを捨てることを象徴する物語には、もともと人に備わっていないものが必要です。猿も、オウムも、泡も、明らかに生まれながらに備わったものではありません。視覚的な物語が特別な眼鏡や頭巾に基づいていたとしても、人々は現実の世界でもこれらを着用しているので効果的ではありません。

物語を文章化しておくことも大事です。そうすれば大人はこれらのイメージの産物を援助的、保護的に提供します。未熟で、誤った指導を受けた両親であっても、彼らなりに最善を尽くしているのです。私たちは過去に起こった出来事で誰かを責めることなしに、人が彼らの規制から自由になることを援助できるのです。

第5章　準拠枠

ＩＯＫＹＯＫ あるいは ＳＨＮＯＫ？

これは人生の立場の考え方を紹介するひとつの方法で、次のことを尋ねることです：

あなたは、ＩＯＫＹＯＫ*ですか？　それともＳＨＮＯＫですか？**

  *I'm OK, You're OK　**Somebody Here's Not OK

このアイデアはジョン・ウィルソン（John Wilson, 1975）から来ている、相手の気を引くような言い方です：

私はＯＫである、あなたはＯＫである、またはここにいる誰かはＯＫではない！

世界の窓

人生の立場を表す**ＯＫ牧場**（アーンスト Ernst, 1971）という用語を使うことは、必ずしも役立つわけではありません。中には、カウボーイ映画に疎い人もいます。ＴＡはアメリカに起源をもつことを他者に思い起こさせ、また米国の外の世界とは関係が無いと思わせてしまう時があります。よって私は、地理的にも歴史的にも固定的な観念を与えない、**世界の窓**（Windows on the World）という表現を好んで使うのです。図5.1 が、このイラストです。

図5.1　世界の窓

26

　あなたがＯＫ牧場を使おうとも、世界の窓を使おうとも、ＯＫではない立場は"正常"である
と教えられ、病理的ではないと記述され、この図は役立つのです。

開かれた窓

　私は、バーンによって記述された４つの人生の立場は、同じ論理レベルに無いと思うことがよく
あります。そのため、私がこのコンセプトを教える時、I'm OK, You're OK、が現実であるのに
対し、他の３つの立場というのは知覚的なものであると説明している自分を発見しました。さらに、
ある宗教グループの人々は現実の生活で、I'm not OK, You're not OK と固く信じていることを見
出しました；彼らにとっての Okness は神だけのものなのです。

　６～７年前（何年か前）、私の同僚だったコリーヌ・グレッドヒル（Corinne Gledhill）が、I'm
OK, You're OK というのは、誰かを不適当にも信頼させてしまうという、否定的な方向に導きか
ねないと説いたのを思い出します。

　従って、私の考えでは、私たちは基本的なスタンスを「私は（I am）、あなたは（You are）」ま
たは単に「私（I）、あなた（You）」と考えます。そうすれば、４つの既存の立場すべてを役に立た
ない認識と見なすことができます。図 5.2 に示すように、よく知られている２×２の図を有益でな
い認識として扱うことができます。

図 5.2　現実へ開かれた窓

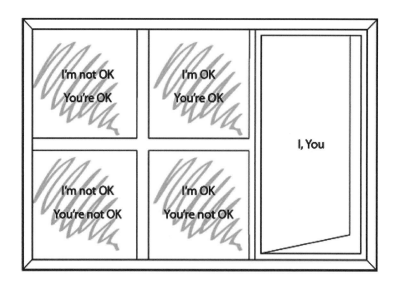

Donkey Bridge のバリエーション

　図5.3 に示されるように、このバージョンでは Donkey Bridges の３つのセットそれぞれの最初の音に韻が踏まれています。

　私達がどのバージョンを使っても、通常の２つのノン・アサーティブな行為よりもアサーティブ・トレーニングには、３つか４つの方法があるということは注目に値します。３つ目、すなわち、**I' m not OK, You' re not OK,** を基本とする考えは、他人に対しアサーティブに接する時に特に関係があります。この**無関心な**、しばしば皮肉なスタイルは攻撃的か過剰に順応する人よりも、多くの場合、一緒に上手くやることが困難です。選択的には、４番目もまた、すなわち**私は良い、あなたは良い（I' m Nice, You' re Nice）**の立場なのです —— つまり、'良'過ぎて何も解決することが出来ない、ということもあるのです。

図 5.3　窓のバリエーション

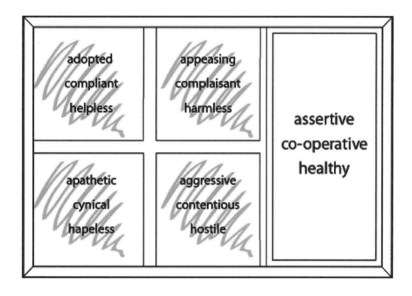

更なる窓

　トニー・ホワイト（Tony White, 1994）は、先進国においては、**私はとてもＯＫです、あなたはＯＫです（I' m very OK）**、といった観点（すなわち、私は＋＋、あなたは＋、と彼が示したように）でやっていることを認めるように求めて来たのは、彼が人生の立場について疑問を持っていたからでした。彼はまた、私達が用いてきた＋か－サインの代わりに？（クエスチョンマーク）を使って、ある（自己愛性の）人達は、他者は重要でないので OKness という用語を用いて、評価さえしないということを示すよう提案しました。つまり、＋は OK なもの、－は OK でないもの、？は関連性のないもの、のようにです。これによって、図5.4 に示されるように、私たちに調べるための「窓」をもっと与えてくれるのです。このことは、多くの場合、特にＴＡ初心者を啓発してい

るとはいえ、何か違うことが示されたときに、元々の考え方を既に知っている人達を役に立たない立場の一つに移すことに私は気づきました。

図 5.4　更なる窓

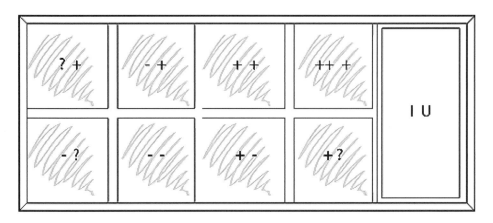

ひし形の配列

　これは、グラハム・バーンズ（Graham Barnes, 1981）が提唱した、**ドラマ ダイヤモンド（ひし形）**の図に基づいています。人生の立場は、私達の態度と同様に行動や感情にも適用できる、ということを指摘しています。私達は、行動を最もよく目にしますが、態度や感情にも明確なポイントがあるという事実を、ひし形を使って、ビジュアルに表現していきます。

　どのレベルにも、実際は異なる人生の立場があるでしょう。例えば、I'm not OK, You're OK の態度は I'm OK, You're not OK の行動として現れ、I'm not OK, You're not OK という感情を覆い隠すことがあります。

図 5.5　ひし形の配列

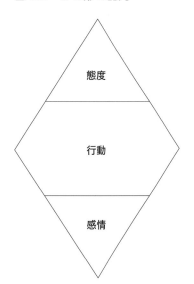

　バーンの資料や私の以前の著作においては、オリジナルの3つの not-OK ポジションのみが言及されています。恐らくこのダイヤモンド（ひし形）は、私たちが異なった時に異なる一面を見せるという縦の分割を持つ3次元のものとして想像すべきものなのでしょう。このようにして、私たちは図 5.5 で表されているオプションの幅の様々な組合わせを持つでしょう。

第6章　スタイル（様式）とステート（状態）

パーソナルスタイル

　パーソナルスタイルとは、私が行動の自我状態を表すのに使っている名前です —— 即ち、観察できる行動だけを情報源として使うときの診断です。私は図として3つの接している円を使います。何故ならば、とてもよく知られていて、ポジティブとネガティブの両方の性格をどのスタイルにも表すことができるからです。

　私は、バーンが記述した「成人」と区別するために、このモデルでは「機能的な成人」と呼ぶことにします。「機能的な成人」は、行動だけを参考にするので、その人は必ずしも"今、ここ"にいるわけではありません。これは、バーンの「統合的な成人」の思考、感情、および行動と、論理的な行動だけの記述とを混ぜてしまうことに起因する混乱を避けます。これはまた、論理的、理性的で、なおかつ潜在的に問題に焦点をあてた行動の本質をとらえることが出来ます。不適当な状況で現れた時には、もちろんネガティブにはなるのですが。

図6.1　パーソナルスタイル（行動の自我状態）

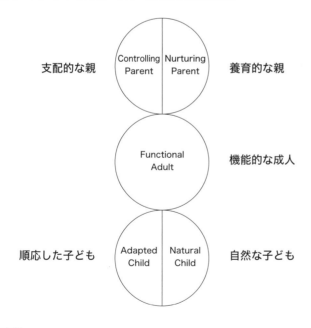

周波数

　自我状態を紹介する時、ラジオが持つ日常的なイメージが役立ちます。私たちはみんな、さまざまな周波数の音声信号を放つラジオのようなものです。周波数は行動の自我状態に呼応します；も

し、私達があまりに違うラジオ局を選局したとしたら、お互いに好きにならないかもしれません（例　ポップミュージック好きとクラシックミュージック好きとは上手く付き合えない、など）

なかには周波数をきちんと合わせられず、コミュニケーションを間違ってしまう人達がいるでしょう。また、周波数を素早く変えてしまって、追いかけることが難しい人達もいるでしょう。または、同じ周波数にいつもずっと留まってしまう —— つまり、選局のつまみがその場所に錆びついているために、その場に留まってしまっている人達もいるかもしれません。または、まったくラジオをつけない人達もいるかもしれません。

内的な自我状態

自我状態とやりとりについて学んでいくとき、ほとんどの人達が自分の内側での感じ方と、自分の外側の行動が必ずしも一致しないと、すぐに気が付くものです。従って、私は内的な自我状態が見えないということを強調するために、点線で描く、別のモデルを使います。（裏面交流を表すのにバーンが点線を使ったように）

私は、構造的な自我状態とゴムで止めること（rubberbanding）を説明するためにこれらを広げます。（何が私たちに起こるかを表現するもう一つのすばらしいイメージです）

図 6.2　内的な自我状態

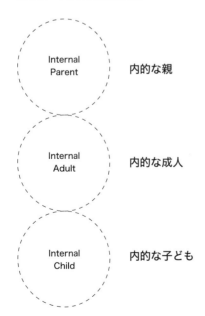

Internal Parent　内的な親

Internal Adult　内的な成人

Internal Child　内的な子ども

図 6.3　「内的な親」

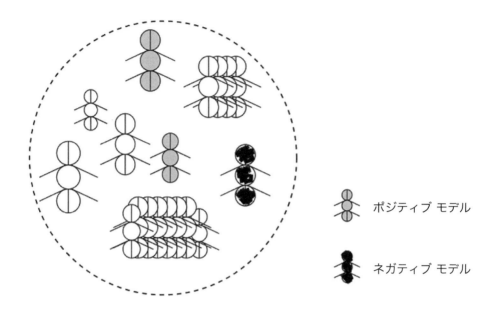

ポジティブ モデル

ネガティブ モデル

　このようにして、「内的な親」は図 6.3 に示されているように、様々な組合せの親像のコピーを含んでいます；それは、彼らの親が外的な自我状態から観察出来る行動を取り入れ、そしてこの図の中で、効果としてちょっとした手足を私は加えています。私たちが知りあってきた人たちはみんな、何らかの方法でそこに取り込まれています。

　長期的に世話をする人たちは、一繋がりのように見える、あるいは、バリエーションがない場合には、大きく入力されたコピーとしてたくさんのコピーを提供したかもしれません。従って、他の選択肢を締め出すでしょう。重要な他者は、数こそ少ないけれども、影響力の強い入力されたコピーをしたかもしれません。

　私たちはこの円に手足をつけ加え、「内的な親」が蜂であふれているかのように感じていることを示すことができます。その蜂は、ある時は勤勉な働き蜂であったり、脅かされた時には、かなり警戒するか、混乱した様子でブンブン飛び回るでしょう。

　「内的な子ども」は、私たち自身の記憶でできています。これらは、図 6.4 にあるように、木の年輪に例えられています。外側の輪は現在で、まさにこの瞬間にも次の輪ができようとしているのです。

図 6.4 「内的な子ども」

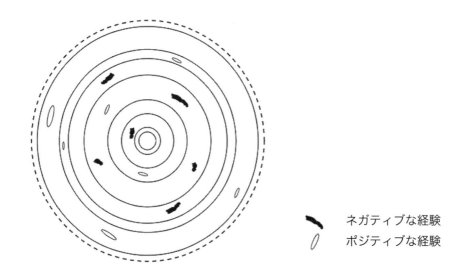

ネガティブな経験
ポジティブな経験

　オーストラリアには、干ばつの年の間、その成長を止めてしまう木があります。残念ながら、人間は成長を止めることが出来ないため、私たちの年輪は、本来ならば健康的だった年輪も含んでいるのでしょう。トラウマを表す、木のこぶにもなりうるでしょう。そうは言っても、私たちの多くは健康的な年輪と、加えて自分たちにとって本当にうまくいった、いくつかの領域も持つことが出来るでしょう。

　図 6.5 では、「内的な成人」のイラストがまるでコンピューターの処理をする部分の一部であるかのように描かれています。

図 6.5 「内的な成人」

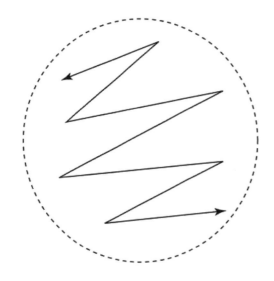

　そこは敏速に動いて、外の世界からのデータを私たちが取り入れることができるようにし、私たちの「内的な子ども」にアクセスして、自身の感情反応が現在のもので、輪ゴムで引き戻されていないかどうかをチェックし、「内的な親」にアクセスして、今、どのように反応するかを考え、そして、決定することができるようにしてくれています。そしてまた、私たちが、使うために選ぶ行動の自我状態に対して、適切な信号を送ることできるようにしてくれています。

意思決定

　私達は、以下のように意思決定のプロセスに自我状態を組み入れることができます（NOISICED とは、DECISION を後ろから綴ったもの）：

ニード（Need）　　　　　　なぜ、私は決定しなければいけないか？
　　　　　　　　　　　　　なぜ、今なのか？
目的（Objective）　　　　　何を達成したいのか：
　　　　　　　　　　　　　短期的には？
　　　　　　　　　　　　　長期的には？
インフォメーション　　　　どのようなインフォメーションが自分にはあるか：
(Information)　　　　　　　問題に対して？
　　　　　　　　　　　　　可能な決断について？
　　　　　　　　　　　　　どのようなインフォメーションが、まだ不足しているか？
　　　　　　　　　　　　　どのようにして、それを得られるか？
戦略（Strategies）　　　　　私が望むことをどのように達成できるか？
　　　　　　　　　　　　　他にどのように？
　　　　　　　　　　　　　さらに他にどのように？
　　　　　　　　　　　　　これらだけが選択肢だろうか？
調査する（Investigate）　　それぞれの選択肢の良いところは？
　　　　　　　　　　　　　それぞれの選択肢の障害は？
　　　　　　　　　　　　　どのようにしたら、障害を回避できるか？
選択する（Choose）　　　　どの選択肢であれば、自分の目的に合わせるために、より役立ちそうか？
　　　　　　　　　　　　　明確な第 2、第 3 の選択肢はあるか？
自我状態（Ego States）：
　「内的な親」　　　　　　私の以前の経験はそれぞれの選択肢について、何を伝えてくれるのか？
　「内的な子ども」　　　　それぞれの選択肢について、どう自分は感じるか？
　「内的な成人」　　　　　それぞれの選択肢の成功する確率はどのくらいか？
決定する（Decide）　　　　どのような活動が最も成功につながり得るのか？
　　　　　　　　　　　　　自分の目的に確実に辿り着くために、どんな活動をしたらよいか？

シンキング（思考）スタイル

　私達は、図6.6のように、シンキング（思考）スタイルを表現するために内的な自我状態の図を使うことができます。私達の現在の環境の中でおこる事象に対応して、「内的な親」は私達の経験を、そして「内的な子ども」は感情を蓄え、そして「内的な成人」は評価を行います。

図6.6　シンキング（思考）スタイル

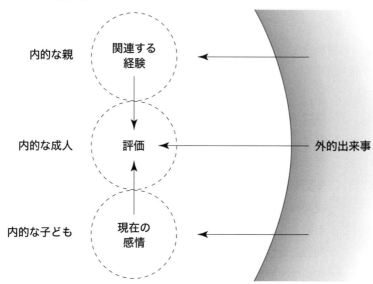

創造性

　創造性は、図6.7に示されるように、内的な自我状態の図を使って例を挙げて説明することができます。

図6.7　創造性と自我状態

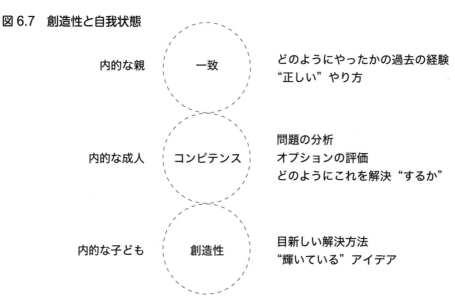

ワーキングスタイル

　ワーキングスタイルとは、私がドライバー（ケーラー Kahler, 1975）を表すのに用いるもう一つの名前です。ドライバーとは、拮抗脚本です：それらは、大人たちが、彼らの期待する"良い"行動を私たちがするように奨励するやり方です。この行動の多くは、人の強みに見えます。そこで、カギとなる表現は、下記のようになります。

Too much of a good thing!
良いものだけど、度が過ぎる！

　このようにドライバーを紹介することは、人々がドライバーを持っていることを認めやすくします。そして、それゆえに、これらの脅迫的（駆り立てられた）行動を意識下でコントロールする機会を増やします。

　ドライバーの名前は、既に Donkey Bridges なのです：**急げ（Hurry Up）、完全であれ（Be Perfect）、努力せよ（Try Hard）、強くあれ（Be Strong）**、そして、**他人を喜ばせよ（Please People）**、を 5 番目にします。これは、それらが「子ども」または「親」から来るかどうかにかかわらず、同じ用語がすべての 5 つのドライバー／ワーキングスタイルとして使えることを意味するのです。（人を喜ばせよ、私を喜ばせよ、を使い分けずに）

　これらをより記憶に残るようにするために、説明する時にこんな風に演じることができます —— 急げは早口で話し、完全であれは長い単語を使いながらとても慎重に話し、努力せよはもがきながら話し、強くあれは淡々と話し、そして喜ばせよは質問して心配そうな物腰で話す、というように。

　もう一つのオプションは、ペン画を作ることです —— 極端なワーキングスタイルを持つ人がどのように見えるのかを短く描写することです。これらはどんな仕事にも、また個人的な活動にも関連しうるもので、強調しすぎた時に何が起こるかの指摘も併せた、いくばくかの強調を含めるべきです。

　可能ならばユニセックス的な名前を使い、性別に関する固定観念を避けた方がよいでしょう：さもなければ、これらは顕著な固定観念であるので、"人を喜ばせよ"には女性の名前、"強くあれ"には男性の名前の使用を避けることを考えましょう。また、ふさわしい様々な文化から名前を選ぶことも覚えておきましょう。

第7章 ストローク

　私達は、ワーキングスタイルに関連したストロークの好みに応じた Donkey Bridges をつくることができます。（第9章の AP³ を参照）ストロークされたいのは、人としてなのか、成果についてなのか、ただ必要な礼儀正しさのためなのか、行動についてなのか、または生産性についてなのか。

　私たちが人々に、他者にとってもらいたい行動にストロークすることを思い起こさせる時に、ポジティブおよびネガティブなストロークに関するバーンの定義に戻ることもまた重要です。バーンはポジティブやネガティブなストロークを人生の立場に関連づけました。ポジティブなストロークは、I'm OK、You're OK を招きます。ネガティブなストロークは、Not OK のどちらか一つの立場をもたらします。そう考えると、建設的な批判はポジティブなストロークです；否定的な批判はネガティブなストロークです。従って **1分間マネージャー**（ブランチャード＆ジョンソン「The One Minute manager」Blanchard & Johnson, 2004）で示されているように、"何か正しいことをやっている時に彼らを見つけ"て、彼らがやっていることをさらに改善できるように伝えることは、より理にかなっているのです。

与えること ともらうこと

　人のストロークのパターンを見る時、何を**与え**、何を**もらう**かについて書き留めておくことができます。例えば、身近な、一緒に仕事をしている5人の仲間をみつけてもらい、そのストロークのパターンを手短かに説明する ── すなわち、ポジティブなのかネガティブなのか、どのくらいの強度なのか（低、中、高）、何についてか、どの位の頻度か、等をです。そして、（ストロークは）どんなパターンで入ってきたり、出ていくかや、**取りかえっこ** ── 例えば、"あなたの髪型、すてきね"に対して"君の家はきれいだね"と返す、といったように、ひとつのお世辞に対して即座にお世辞を返すことで、相殺し合うという交流のことですが、それらを振り返ってもらいます。

モチベーション・ロケーション

　ストロークのパターンを探るにあたり、人々を巻き込む目新しい方法は、ＴＡとＮＬＰ（神経言語プログラミング）を組み合わせることであり、そして、自分たちのストロークがどこに見出されるかを考えてもらうことです。ＮＬＰでは、私達の信念を保管する（数ある場所の中でも）特別な場所を持っているという前提があります。もし私達が信じていることを考えるならば、異なる信念

について、想像上の物理的な場所を意識できるようになります。（やってみて下さい ── 本当にそうなりますよ。）私達のロケーション・ファイリング・システムは、たいへん具体的で、私達が強く信じている信念、あまり信じていない信念、そして私達自身は信じていないけれど他人が信じている信念を、一般的にそれぞれ違う場所にしまっているのです。

　ストロークパターンとは、私達がストロークを与え、そして受け取る傾向を分析することです。通常、私達には受け取るストロークと拒否するストロークがあるでしょう。まるで、私達があるストロークは中に入れ、しかしその他は中に入れないように。私たちは、私たちの他に信用や非難に値する誰かがいる時や、自分たちのやるべき仕事をしていた時には、ストロークを拒否するとあえて人に伝えることもするでしょう。私達はもちろん、与えられたストロークをまだ覚えているでしょう。それはあたかも、自分から離れた外側に分離した場所で、そしてその場所では、私達の内側にインパクトを感じることなくストロークを保つことが出来るのです。

　ロケーションの考え方を使って、私たちはどこにストロークを貯蔵するかを確認できます。例を挙げるなら、恐らく私達は異なる場所に、ポジティブとネガティブのストローク、見栄えへのストロークに対して、出来栄えへのストロークや、私たちが‘努力して得る’であったり、無条件に与えられたストロークを持っているのです。私達は、それがどの領域を占めているかという観点から、自分たちのパターンを探究することができます。探究することで、以前は拒否をしたポジティブなストロークを受け取ろうとか、以前は受け取ったネガティブなストロークを拒否しようと決断することができます。

　より多くのポジティブストロークを受け取るために：
1.　過去にポジティブなストロークを受け取ってきたロケーションを確認します。
　　これは　A ─ 受け取った　というロケーションになるでしょう。
2.　受け取るにあたって疑ったり、真実かどうかわからないといったストロークのロケーションを確認します。これはロケーション　D ─ 疑わしい　とします。
3.　自分が拒否してきて、今は、受け取りたいと思うポジティブなストロークをどこに配置してきたかを確認します。これを　R ─ 拒否してきた　と名付けます。
4.　これらのストロークを次のように移動させます：
　　a.　AをDのロケーションに移し、また元に戻します（練習として）
　　b.　RをDのロケーションにほんの少しの間、移します
　　c.　それからそれをAのロケーションに移し、安定させます

　あなたがストロークされた新しい感覚を安定させるために、より詳細なことを追加する必要があるかもしれません。あなたが将来、望んでいるストロークを受け取ったり、受け入れていることを想像しながら、確認して調整しましょう。

そして、将来、実際に人が、同じストロークをくれるという感覚を楽しみ続けましょう。もし、他の人と相互に作用する場で、よりポジティブなインパクトを得たいと思うならば、あなたが、自ら与えるストロークのプロセスを繰り返しましょう。

図7.1　モチベーション・ロケーション

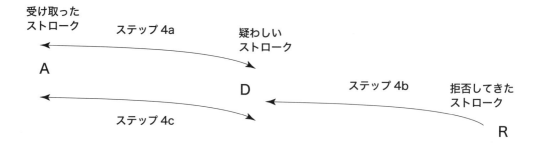

あたたかくてふわふわなお話

このストーリーは、ストロークにまつわるお話で、ＴＡでは、おそらく一番知られていることでしょう ── クロード・シュタイナー（1969）による、あたたかくてふわふわなお話です。内容は少々古めかしいですが、教訓は今でも非常に明確です。ポジティブなストロークを与え続ければ、誰もがそうするでしょう、というお話です。

私は、シュタイナー版にある‘お尻の大きな女性’を、ＴＡを教えるトレーナーに変更して物語を修正しています。

また、あたたかくてふわふわを引用するのに、小さな女の子の手のような、という表現を変えました ── 男の子の手も特別なのです。

シュタイナーのオリジナル版に敬意を表しつつ、私の改定したバージョンを紹介します：

むかしむかし、みんながとても幸せに暮らす国がありました。そこでは誰もが、あたたかくてふわふわするものが、尽きることなく出てくる魔法の袋を持っていました。このふわふわは、人に渡されるとまるで小さな子供の手のような感触だったので、人々はふわふわをもらうと必ずあたたかさと思いやりを感じていました。その袋は魔法の袋なので、人々は好きなだけあたたかくてふわふわするものを望んだり、得ることができました。

ある日、意地悪な魔女がやってきて、これからは、いつでも袋の中に十分なふわふわがあるわけじゃないんだよ、という噂を流し始めました。（魔女はいっぷくで幸せになる薬を売りたかったので、無料でふわふわが渡されることは自分のビジネスに邪魔になると思ったのです。）人々は、この噂話が本当だといけないと、ふわふわの使い控えをし始めたので、ふわふわの金融マーケットで

は、この噂通りになってしまったのです。

　もはや、その国は幸せではなくなってしまいました。人々はふわふわを控えめにしか与えなくなり、またその際には、毎回、お返しとしてふわふわを求めるようになりました。そのうち、人々に不快な感情を与えるけれども、少なくとも生きている、ということを思い起こさせる冷たくトゲだらけのものを誰かが作り出しました。意地悪な魔女は、苦痛を癒す薬を売って大金を稼ぎました。

　あるグループの人達は集まって、プラスチック製のふわふわを発明しました。それは受け取った一瞬はあたたかくてふわふわのようなのです。しかし、しばらくすると、そこには与えてくれた人からの本当の気持ちが無い、と明らかになるのでした。

　ついには賢い旅人がやってきて、何が起きているのかを見てから、人々に話しました。その袋は魔法の袋だったのだから、あたたかくてふわふわするものは、与えれば与えるほど作られていただろう、と。この旅人を信じる人達が現れて、より多くのふわふわを与え始めました。私たちは今、彼らがより良い方向へと、ふわふわを与えるパターンを変えることができるかどうかを、待っている状態なのです。

　この「あたたかくてふわふわなお話」は、他の人たちがストロークのパターンを先に変えることを待たずに、自らが変えていくことを勇気づける話になっています。彼らに与えることで、あなたはポジティブなストロークを作ることができる、というメッセージを送っています。それが特に役立つのは、組織文化を変革しようとしていたり、より健全で心理的な職場環境を育てようとしている組織内で伝えられた時なのです。

解決のストローク

　解決のストロークとは、革新と問題解決を勇気づけるテクニックです。誰かが問題解決策を提案する時、そのアイデアは上手くいかない、と伝える誘惑に抵抗することです。代わりに、解決のストロークを：

1.　自分はそれを聞いたよ、と示すためにそのアイデアを言いかえて言う。
　　（そして自分が理解したかどうかをチェックする！）
2.　何故それが役に立つアイデアなのかについて、少なくとも一つは（もしくは2つか3つ）コメントをする（これをするには一生懸命考えなければいけないかもしれない —— 自分にとってたいへん役に立つ！）
3.　障害となることを質問で指摘する（例. “それはお金がかかり過ぎるだろう”と言うよりも、“資金を集めるアイデアをお持ちですか？”ときく）

　これらのステップは３つのパワフルなストロークとして働きます。それゆえに、あなたは解決策提供の行動を補強しているのです。これは、アイデアに対して反対することよりも、より効果的です。解決のストロークを使うと、彼らは新鮮なアイデアを持ってあなたのところにくるでしょう—— そして、そのうちのいくつかはあなたが求めているアイデアかもしれません。

第 8 章　やりとり

内側と外側

　内的な自我状態は第 6 章で説明しています：スタイル（様式）とステート（状態）は、図 8.1 の
ように、行動上の自我状態（パーソナルスタイル）の図とともに組み合わせることができます。こ
れは行動にだけ気づく人たちと、'何を考えているのか'を直感する人たちに対して'診断'する違
いを扱います。

　この図は、自我状態の構造モデルや機能モデルで作業するよりも簡単で、行動上や社交上の診断
と一緒に、どんな時にでも機能している自我状態を完全に診断するために、その日限りの人々が必
要としている歴史的、現象的診断ができない人たちを考慮しているものです。怒っているお客様に、
かつてあなたのお父さんはこのように行動していましたか、あるいは、子供時代の癇癪をおこして
いることに気づいていますか、と聞くことは良い考えではありません！

図 8.1　内側と外側

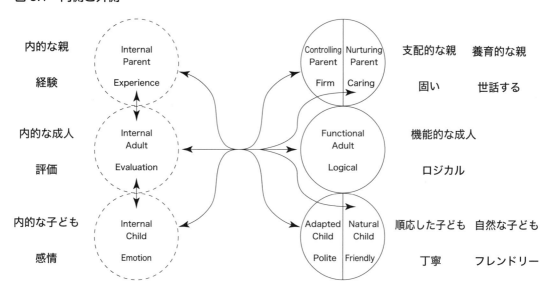

屈折したやりとり

　もし、私たちが行動上の自我状態モデルを使うならば、投げかけられた自我状態と違った自我状
態に人が反応する時に何が起こるか、を簡単な方法で説明することが出来ます。

　図 8.2 は、マネージャーと新入社員との会話です。マネージャーは「支配的な親」（Controlling

Parent) から新人の「順応した子ども」（Adapted Child）に向かって、何をするかを‘伝え’ます。しかしながら、新人は若く一生懸命で、「組織における親−子的力動」に慣れていません。そのため、マネージャーの「機能的な成人」（Functional Adult）めがけ、自分の「機能的な成人」（Functional Adult）から質問をしました。マネージャーはそのような固着した準拠枠を持っていたために、この「機能的な成人」の相互の働きかけは‘屈折’してしまいました。同じように、水面下にある意図は、彼らの実際の役職通りではない場所に現れ、その相互の働きかけはマネージャーにとって、「順応した子ども」から来たかのように‘見え’ているのです。

マネージャーにとって、これは二重に受け入れがたいものです：返事は与えられた命令に対する「適応した子ども」（Adapted Child）のうやうやしい、ただちの服従であったはずです：そして子どもは目上の人に対して、質問などはしないものとされています。ゆえにマネージャーはより一層 Controlling Parent「支配的な親」を強調します。―― そして新人は、ただ命令に従って、わざわざ考えない方がよいのだと明確に理解するのです。

図 8.2　屈折したやりとり

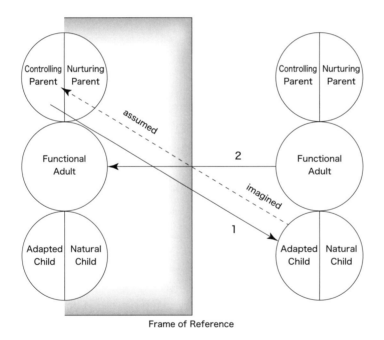

Frame of Reference

　１− すぐにやれ！
　２− なぜそのようにしなければいけないのですか？

裏面交流

　私たちが矛盾なくいるためには、図 8.3 で示すように、裏面交流の内側と外側を明らかにする必

要があります。これも私たちが表に現れた行動と話されないメッセージ（そして多分無意識に）に
注意を向けることを必要とする説明に役立つでしょう。

図 8.3 裏面交流

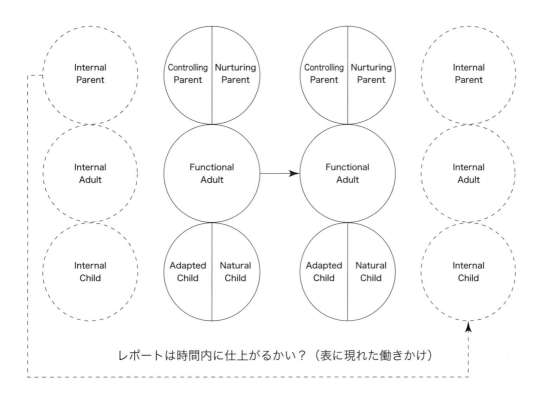

レポートは時間内に仕上がるかい？（表に現れた働きかけ）

どうせまた、君は遅れるに違いないさ。（裏のメッセージ）

図 8.4 はこれが苦情処理にいかに適応するかを示しています。

このために私たちは、かわるがわる出てくる「支配的な親」（Controlling Parent）の怒りの行動、
怖れている「内的な子ども」と「行動上の機能する成人」を経由した「内的な（今、ここ）の成
人」からなる、壊れていない一連の働きかけが必要です。

図 8.5 は葛藤の最中に何が起きているかを示します。怒っている「支配的な親」の行動は、怖れ
ている内的な「子ども」を隠しています。問題は、怒っている「支配的な親」は同様に、他者の怖
れている「内的な子ども」を刺激するということです。そこで彼らも「支配的な親」の行動に移行
します。

その時、最初の人は彼の「内的な子ども」の内でより脅かされていると感じます。すると（知ら
ず知らずのうちに）両親よりももっと力のある祖父母、あるいはそれに似た人を呼んできます。次
の人も同じように反応するので、葛藤は更に強大な祖先たちによって行動化されていくのです。

44

図 8.4 葛藤のステージ

1. このレポートを書き換えなさい。

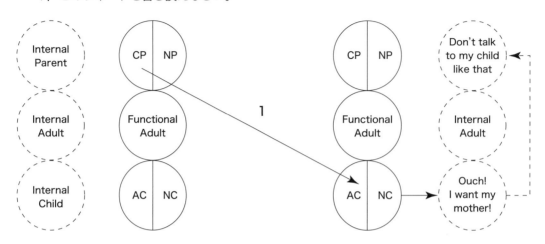

2. いいえ、これはこのままでいいんです。

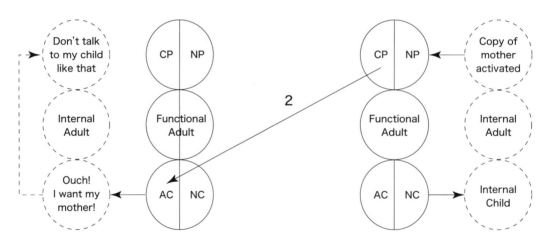

3. それでも書き換えなさい。

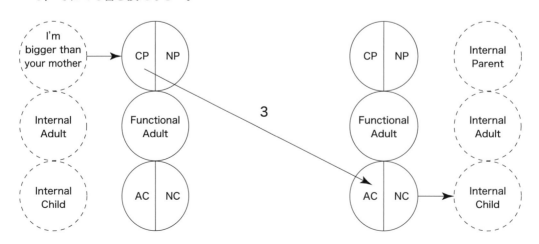

図 8.5　苦情処理の流れ

１．払い戻しをしろ。
２．ご満足いただけていないようで申し訳ありません。

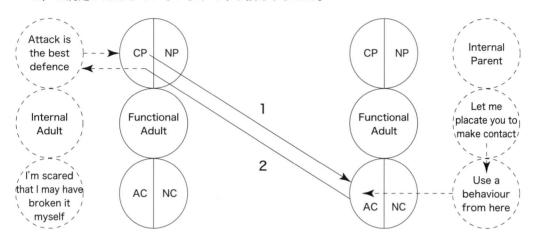

３．私たちはこれを解決できると確信していますよ。

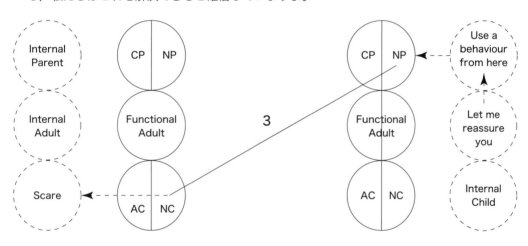

４．壊れたところはどこですか？

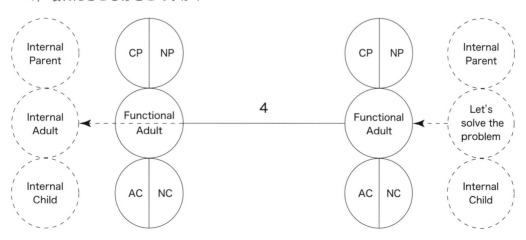

第9章　AP³ ― 診断のためのキューブ

　これはテイビ・ケーラー（Taibi Kahler, 1979）の診断の象限（assessing quadrant）を基本にしており、一つの次元（軸）は（人と関わる ― 引きこもる（involving ― withdrawing）を、人と関わる ― ひとり（people ― alone）に）改名し、そしてもう一つの次元（軸）を加えて、3つの次元（軸）としたものです。私は覚えやすくするためにそれを単純化しました。それはやりとりや、ストローク、そしてドライバーとリンクします。

　警告 ― 簡素化され、追加されればされるほど、"生身の"人間から遠ざかるのです。"生身の"人間は、どんなモデルよりもずっと複雑なのです。この警告を心に留めおくことは、人々がお互いの違いを認識（recognise）し、尊重（respect）し、反応（respond）するのに役立つフレームワークとなり得ます。

図9.1　AP³ の基本の次元

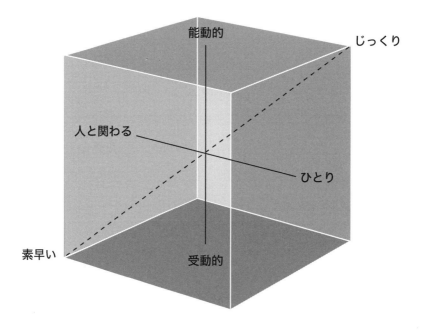

　最初の2つの次元（軸）を使うと4つの基本の"タイプ"がわかります；第3の次元（軸）を2つの次元の紙に書き加えることは容易ではありませんが、図の中ではそれを点線で示しています。第3の軸は、他の軸に対して直角ではありませんが、右上後方から左下前方へ伸びていることに注目してください。これは、このモデルが経験的な知見に基づいていて、人々が「理想的な」3次元モデルに従って変化しないからです！

第３の次元（軸）によって、急げのワーキング・スタイルを基にした５番目のタイプを加えることが可能になります ― それは素早い（Acceleration）です。

これらの次元は：

- **能動的（Active）― 受動的（Passive）**― 他者に向けて動くか、そして／または、ゴールに向け、彼らが動くのを待つか、私たちに押し付けられるのを待つか。
- **ひとり（Alone）― 人と関わる（People）**― ひとりでいることが好きか、人々と一緒が好きか。
- **素早い（Acceleration）― じっくり（Patience）**― 素早くするのか、時間をかけるのか。

ＡＰ³の流れ

図 9.2 では、私たちが人々に会っている時に、エビデンスとなりうる情報の流れもまた、紹介します。これらの一つひとつに注目することで、人々とやりとりするための最も効果的なモードを選ぶことができます。

図 9.2　ＡＰ³の流れ

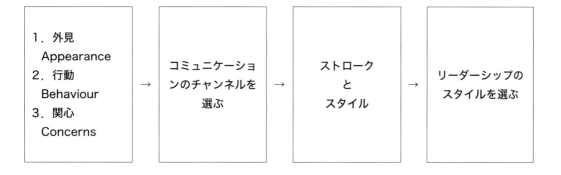

ＡＰ³のＡＢＣ

あなたがボックスごとに気がつきそうなものの'項目の集まり（クラスター）'を明らかにするために、私たちは図 9.3 に示すようにＡＰ³を使うことができます。従業員個人の一番多くあてはまる項目がある領域を特定することは、彼らがどのように管理されたいと望むのか、という貴重な手がかりを与えてくれます。

48

図9.3　AP³のABC

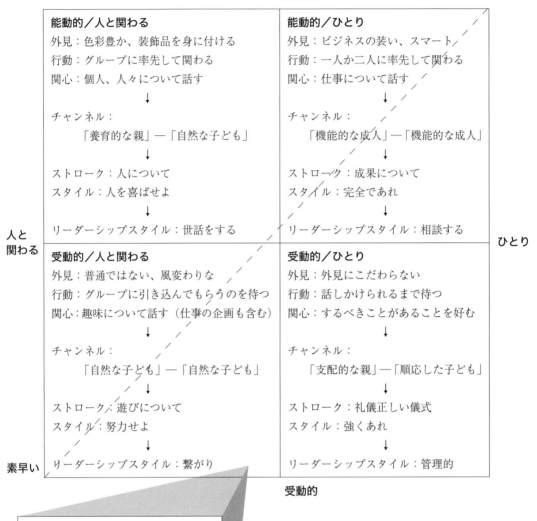

第10章　内的なプロセス

RRR（うーとうなるように言う、または次の3つのRの感情で）

ハーモウィッツ（Haimowitz, 1976）は感情の3つのタイプについて話しています。

- **ラケット感情（racket feeling）** ── 私たちが他者に何かを望むときに現れる、お馴染みの感情（やくざの強迫・たくらみのような）。
  例：私たちが少しでも怒った様子を見せると、人々はかんしゃくの対象となる危険を避けて遠ざかる。
- **ラバーバンド（rubberbands）** ── 過去の感情の再現。
  例：誰かの話し方が先生を思い出させ、そして8歳だった時と同じように感じる。
- **リアクション（reactions）** ── 今ここで、現在の状況に関連して起こっている感情（情動）。

　私がリアクションを本来の感情（genuine feeling）と呼んでいない点に注意してください。その訳は、ラケット感情もラバーバンドも、人がそれを経験している間は本物であると感じていて、そして彼らはその後も同じように感じるかもしれません ── 私たちは、現在と接点を失った時を必ずしも認識できるわけではないのです。

BBB

　BBB ── 身体、呼吸、脳 ── は、人々が自らの感情をコントロールできることを知らせるのに便利な方法です。人々にロールプレイの感情を（影響を抑えるために演技をしてもらって）抱かせ、以下を通してどのように変えられるかを示すことができます。

- **身体（body）** ── 姿勢を変える
- **呼吸（breathing）** ── 速さや深さを変える
- **脳（brain）** ── 思考の合理性をチェックする

BAR

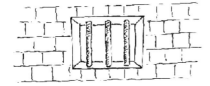

　私は、人々がいかに自己充足的予言に囚われているかを示すために、アースキンとザルクマンのラケットシステム（Erskine & Zalcman, 1979）を各ステップがBARと綴られるように名付けられた、監獄の窓にある棒のような図に変換します。

信条（Beliefs）以下を含む：

- **核となる信条（core beliefs）**—人生の基本的立場、あるいは世界の４つの窓といったもの
- **操作的信条（operational beliefs）**—"私は恥ずかしがり屋"、あるいは"誰も私のことなんか気にかけない"といったもの

行動（Actions）以下を含む：

- **観察できる行動（observable behaviour）**— 人は、私たちが何かしているのを見る
- **身体の感覚（body sensations）**— 汗をかく、肩の緊張、胃のむかつきといったもの
- **空想（fantasies）**— 最悪を想像する

強化（Reinforcements）以下を含む：

- 他者の**反応（reactions）**— 彼らはどのように行動するか
- **記憶の強化（reinforcing memories）**— すべての不愉快な時を思い出す
- 空想の**評価（evaluation）**— 私たちの想像より、もっと悪くなると判断するかもしれない！

図10.1　成功へのＢＡＲｓ

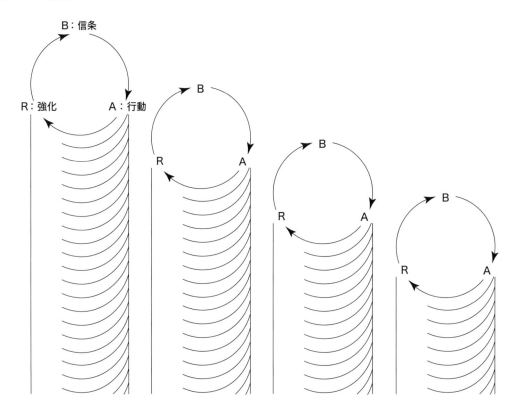

　一番弱いと思うポイントがどこであれ、ＢＡＲを崩すことができます。ある人々にとっては信条であるかもしれません；ＴＡモデルを学ぶということは多くの場合、ここで助けになるでしょう。

あるいは行動の場面かもしれません―私たちがさも自信ありげにふるまうと、実際そうではないと自分では思っていても、多くの人はあなたの自信に対して反応するでしょう。あるいは、強化の場面において私たちはサポートグループに参加することで取り組むかもしれません。そこでは、たとえ私たちに自信がなくても、自信ありげに行動することに対して他の参加者が反応してくれます。

図 10.2　ＰＲＯサクセス（成功のＰＲＯ）

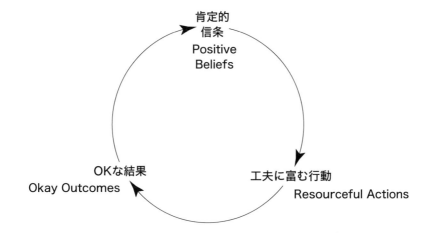

PRO

　図 10.2 に示すように肯定的ＰＲＯサイクルに置き換えることもできます。この中でのラベルは、肯定的信条、工夫に富む行動、ＯＫな結果、です。

ESCAPE

　メリー・トビン（Mary Tobin）はＰＲＯの代わりにＥＳＣＡＰＥという言葉、存在（Existing）、場面（Situation）、配慮する（または建設的な）行動（Considered (or maybe Constructive) Action）、肯定的な執行（Positive Enforcement）を提唱しました。

成功へのステップ

　人々が、時に問題を抱え続けようとしているように見える理由を理解するのに役立つもう一つのＴＡの概念は、**値引き**です。

　治療レベルの**値引きの図式**（メロー＆シフ　Mellor & Schiff, 1975）は図 10.3 に示すような一連のステップに置き換えることができます。誰かを助けるためにこの図を使うとしたら、今、その人がいるステップから始める、ということを覚えておく必要があります。彼らが今いるステップよりはるかに高いところから始めるならば、彼らは私たちのコメントを理解しないでしょう。ステップは：

ステップ1－状況（Situation）

何が起こっているのか？

ステップ2－重要性（Significance）

どのような問題か？

ステップ3－解決策（Solutions）

何がなされるべきか？

ステップ4－スキル（Skills）

彼らは必要な変化ができるのか？ または、そうするためにどのようなスキルを得る
ことができるのだろうか？

ステップ5－戦略（Strategies）

彼らはどのように変化を実行するのだろうか？

ステップ6－成功（Success）

彼らは必要なコミットメントを持っているのか？

図10.3　成功へのステップ

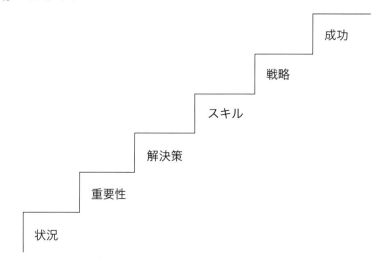

　私たちは、これらのステップを組織における6つのパターンとして認識することができます。

パターン1　刺激をディスカウントする；何が起きているかに気がつかない

パターン2　その徴候には気づいているが、重大さを認めていない；隠れている問題を映し出して
いることを十分理解していない

パターン3　問題があることを認めているが、状況が違ったものになることを信じていない；何も
変えられるとは信じていない

パターン4　状況は違ったものになると理解しているが、この状況に関わっている人々が違った行動をとれるとは信じていない；誰かが、変化のためのスキルと能力を持っていることを疑っているので、何もしない

パターン5　私たちや他の人が解決策を実行することができるとは信じていない；アイデアが実行不可能か、あるいは現状の問題が本当に解決しないと決めつけている

パターン6　変化のための現実的なコミットメントをほとんど持たずに、実行しようと計画する；周囲の人々に影響を与えようとする努力をしない；他の人々をあてにする

　対処レベルとしてのパターンに関する知識を使うことは、構造化されたプロセスをデザインして、組織内の個人がディスカウントを明確にし、取り組む方法を学ぶことができるように、直面することと援助をもたらします。私たちは図10.4に示すようにできるのです。

1. 彼らが立っている場所から始めます。
2. 彼らの手を握ります（比喩的として）
3. 彼ら自身のペースで上るように導きます。

図10.4　援助のステップ

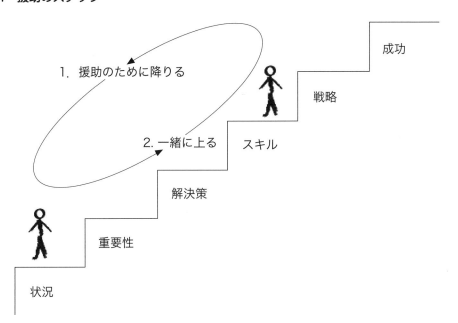

　例え彼らがステップの高いところに居たとしても、彼らが取り組むべき問題に取り組んでいることを確認するために、状況（Situation）の場所に戻ってスタートするのも助けになるでしょう。

54

第 11 章　行動パターン

時間の構造化

　図 11.1 で示すように、時間の構造化は、私たちがストロークの強さを増していきながら、それを交換していくことによって、いかに私たちが関係性を作り上げていくことにつなげることができます。

図 11.1　時間の構造化とストローク

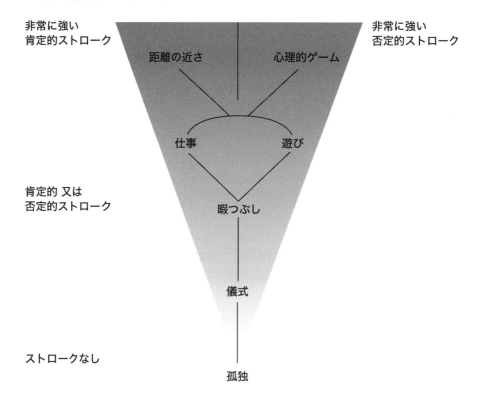

　この図では、バーンが記述した**引きこもり**を、一人でいるただ一つの時間の構造として扱います。これが他者からの直接のストロークがないことを明確にするために、**孤独**という言葉をよく使います。コーウェル・ボイド＆ボイド（Cowles-Boyd & Boyd, 1980）が提唱した**遊び (Play)** という新たなカテゴリーも使うので、活動は**仕事 (work)** と**遊び (play)** になります。最後に私は性的な親密さについての誤解を避けるために、**親密な距離の近さ (intimacy closeness)** を使用します。ふさわしい聴衆であれば、それぞれの時間の構造化はセックスも含むかもしれないと話すでしょう。（セラピストが聴衆の場合は真面目に、マネージャーの場合は冗談交じりに）。

- 引きこもりの時、あるいは物理的または心理的に孤独な時、ストロークの交換はない。
- 儀式は弱いストロークをもたらす。
- 暇つぶしのストロークはもう少し強い。なぜならば会話を続けるためにお互いに聴き合わなければならないからだ。
- 仕事と遊びのストロークは、より一層強い。
- 私たちはストロークの強度／強さの目盛りを相手とともに上げていくにつれ、潜在的にお互いが知り得てきたことによって、ゲームか親密さ／距離の近さを選ぶだろう。

ゲーム

　ゲームは強力な否定的ストロークをもたらします。誰もが知っているように、否定的なストロークでもストロークが全くないよりもまし、ということなのです。ゲームは、人と近づこうとする（親密）時の試みの失敗です。これを知ることで、私たちは人間の行動の**銀色の縁取り**（4章）の秘訣を維持することができます ― その人の行動の下には良い意図があるのだろうとみなすのです。

　前の章で、二人の人がどのように心理ゲームをするかの例えで、しかけとして**マジックテープ**の話をしました。フックを持っていなければゲームに引っかけられることはありません。

　よりふくらませたイメージは、人々に自分たちが車輪であると想像させることです。車輪のへりにはマジックテープが縁どられています。私たちが世界を回っていると、他の車輪と接触します。彼らのマジックテープが私たちのものと互いに応じあうと、フックが繋がってゲームを始めます。フックが引っかからなければ、互いにそばを通り過ぎるか、またはその場に留まって問題なく関わることができるのです。おそらく、私たちが同じ車両の下で一緒になることにより、個人でするよりも大きな積み荷を移動させることが可能となるでしょう。

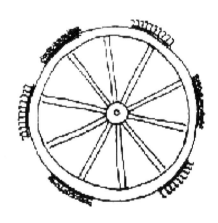

　元々の名前が次第に差別的に捉えられるようになってきたので、私はいくつかのゲームを新しく命名しなおしました。私は今、**さあつかまえたぞ、この野郎**（NIGYSOB）を捕まえた！（Gotcha!）、**ラポ**（Rapo）を**拒絶**（Rebuff）、そして**義足**（Wooden Legs）を**重荷**（Millstone）（私の首の周りにあるように）と呼んでいます。

　オズ・サマートン（Os Summerton, 1992）はゲームの中での役を Donkey Bridge と同じように

56

提示しました：狙撃手（snipers）、救世主（saviours）、生贄（scapegoats）、舞台監督（stage manager）、傍観者（spectators）、そしてローズマリー・ナッパー（Rosemary Napper, 2009）は引き立て役（stooges）を加えました。

ビンの中の石

ゲームのＣＹＧ（Can You Guess：推測できますか ── バーンがアルゼンチンの人と呼んだもの）を説明するお話です：

あるとき、一人の先生が大きなピンクの石を広口の瓶に、気をつけながら縁までいっぱいに入れ、子どもたちにこの瓶は一杯かどうか尋ねました。

子どもたちが「そうだ」と答えると、先生はたくさんの中ぐらいの光る緑色の石を石の隙間を埋めるように流し入れ ── そしてまた子どもたちに、この瓶は一杯かどうか尋ねました。

彼らが「そうだ」と答えると、先生はたくさんの細かい銀の砂をいれ、それは隙間を流れ落ちました ── そしてまた子どもたちに、この瓶は一杯かどうか尋ねました。

彼らが「そうだ」と答えると、先生は澄み切った水を注ぎこみ、それは砂の中に浸みていきました ── そしてまた子どもたちに、この瓶は一杯かどうか尋ねました。

彼らが「そうだ」と答えると、先生は白い塩を振りかけ、それは水に溶けました ── そしてまた子どもたちに、この瓶は一杯かどうか尋ねました。

そして子どもたちは「いいえ」と答えましたが、先生はそれ以上何も足しませんでした。

この物語にはいくつかの解釈があります。

- 私たちの視点は、常に新しくされる必要があること。
- さまざまな人が世界をどのように異なって知覚するのかを明らかにすること。しばしば彼らが既に持っている情報に頼っている。（先生は他に瓶の中に何を入れることができるかを既に知っている）
- 彼らが間違っていると、他者に明らかであると思える時でさえ、人々がいかに長く知覚にしが

みつく傾向があるかを私たちに気づかせる。

- 最初に大きな石を瓶に入れなければならない、さもなければいっぱいに出来ないという時間管理に注意すること。
- そして、教員養成のクラスでは、答えを知っている先生が、彼らが愚かであると感じるというクラスを設定することにより、無益な心理学的ゲームを説明する。

潜在能力のピラミッド（Potency Pyramid）

　エイシー・チョイ（Acey Choy, 1990）の**勝者の三角形**を、**潜在能力のピラミッド（Potency Pyramid）**に適用します。そしてカープマン（Karpman, 1968）の**ドラマの三角図**を上下逆さまにして、コーナーの言葉を使います！　再度、図の中のメッセージの重要性 ── ひっくり返すことで、ドラマの三角図で自然に浮かんでくる視覚的なメッセージに慣れた人たちの、つながりを壊します。

図 11.2　潜在能力のピラミッド

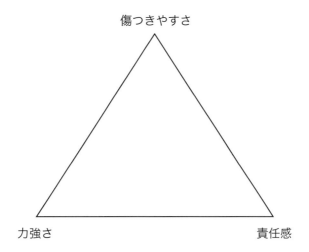

第12章　グループのプロセス

C5P5A5

　C5P5A5は、グループのプロセスを理解し、観察するためのDonkey bridgeで、ランディ・ゴブス（Landy Gobes, 1993）が、自分が考えたアイデアを発展させました。PACを使うことで、「親」「成人」そして「子ども」のように自我状態の名前に慣れている人達の興味をひくことができます。この場合、PACは:

- **C5** ― 文脈（Context）、接触・関係（Contact）、契約（Contract）、内容（Content）、差異（Contrasts）
- **P5** ― 理論的枠組みの（Paradigms）、個人的な（Personal）、職業的な（Professional）、心理的な（Psychological）、平行的な（Parallel）
- **A5** ― 自律性（Autonomy）、本物の（Authentic）、選択肢（Alternatives）、目的・ねらい（Aims）、行動（Actions）

　私たちは一度にこれらの全てを心に留めておくことは出来ないかもしれませんが、時系列的に、3つのカテゴリーにおいておよその見当はつくでしょう:

- **C5**は、グループができる時、何が起きているかに関係します。
- **P5**は、グループが‘本来の目的（business）’に入ると直ちに適用されます。
- **A5**は、グループが課題やミーティングを完了する時に関連します。

　それらを詳細にのべると:

- **文脈（context）**は何か？
- 私たちはどのようにうまく**関係（contact）**を持っているか？
- 私たちの**契約（contract）**はどれだけ明確か？
- **内容（content）**はふさわしいか？
- 私たちはどれだけ自分たちの**差異（contrasts）**を使っているのか？

- 誰の**理論的枠組み（paradigms）**が効果的か？
- **個人的な（personal）**レベルでは、私たちはどうか？
- **職業的な（professional）**レベルでは、私たちはどうか？
- **心理的な（psychological）**レベルでは、何が起こっているか？
- **平行的な（parallel）**プロセスは起きていないか？（サール Searles, 1955）

- 私たちは**自律的**（autonomous）であるか？
- 私たちは**本物**（authentic）でいるか？
- **選択肢**（Alternatives）は作り出されているか？
- 誰の**ねらい**（Aims）が影響しているか？
- **行動**（Actions）は真剣に取られているか？

グループ・イマーゴ

　私はバーンのグループ・イマーゴ（1966）を次のように名前を変えてみました：

予想（Anticipatory）

　　グループに参加する前に、あなたが抱いているイメージ

調整（Adjusted）

　　人と知りあって自分が発達させたイメージ ― 自分をその場に適合させ、そして／または、
　　その場を変化させる

適応（Adapted）

　　'序列'や力のヒエラルキーを徐々に作り上げた時点で、グループのイメージがどのように
　　見えるか ― リーダーと相関的なポジションに自分の居場所を作り、自分の行動をどのよう
　　にどのくらい適応させるかを決める

結びつき（Attached）

　　健康的で近い関係を持ったときに感じるイメージ

代わりにこうなるかもしれない：

回避（Avoidant）

　　グループに参加したくないため、調整（Adjusted）したイマーゴには進まないと決めた時
　　― グループ内の人達となぜ関係をもたないか、の様々な理由で居場所をなくす

関与しない（Alienated）

　　グループ（またはあなた）が結びつき（Attached）の代わりにゲームを選んだ時

グループ・ステージ ― Ｇ６

　ミゼル（Misel, 1975）は、グループが経過をたどるステージを次のGで始まる言葉、**模索する**

（Grope）、把握する（Grasp）、悩む（Gripe）、グループになる（Group）、そして大いに楽しむ（Groove）で表しました。ある人は悲しみ（Grieve）を追加するかもしれません。悲しみは避けられないけれども、グループメンバーは次の（楽しい）経験に移ることに目を向けているかもしれないので、私は中立的な**離れて行く（Go away）**を追加します。

これらは、前述のステージと並べ合わせることができます：

模索する（Grope）では、メンバー達は**予想（Anticipatory）**イマーゴと共にその場に来る。

把握する（Grasp）では、グループ内に他に誰がいるのかを知り始め、かわりに**回避（Avoidant）**を選ばない限りは、彼らのイマーゴに合わせようと**調整（Adjusted）**する。

悩む（Gripe）では、グループがゲーム状態になった時、お互いにいかに上手く**適応（adapt）**できるか、そして誰が適任者かを明らかにし ― または**関与しない（Alienated）**ために、そこに留まる。

グループになる（Group）では、お互いが**結びつき（Attached）**始める。

もし、本当にうまくやれるならば、**大いに楽しめる（Groove）**。

離れて行く（Go away）時は、何か他のものに移るときである。

第13章　組織を理解する

バーンの組織図

　バーン（Berne, 1966）は、3つの組織図を作り、中核（core）、複合（compound）そして複雑（complex）と呼びました。また、難解（complicated）にも言及しましたが、描きはしませんでした。

　私はシンプルなものを「コア」と改名してロバの橋を得、「複合体」を「化合物」の上に重ねることによって「複雑化」の図を作成し、図13.1の4つの図を与えます。

　私はDonkey bridgeにするために、中核（Core）を簡素（Simple）に改名し、複合（compound）の図の上に複雑（complex）の図を重ねて、難解（complicated）にして、図13.1の4つの図式を示しました。加えて、どの組織構造が自分達の活動／動きに最もあっているかを検討してもらうようにして、様々な内的及び外的な境界線を超えて働くプレッシャーについても検討するように促すことができます。

図13.1　バーンの組織図

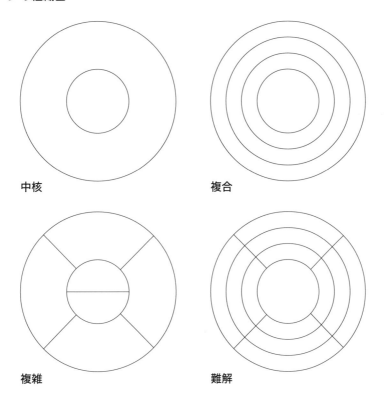

中核　　複合

複雑　　難解

トップダウン、ボトムアップ または 水平

　組織図（organigrams または organisation charts）は、ピラミッドの頂点に上級マネジメントを書いてしまいがちです。図 13.2 に示されているように、図の方向を変えることで、印象を変えることができます。

図 13.2　トップダウン、ボトムアップ または 水平

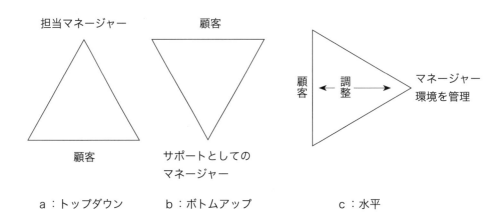

組織のステージ

　図 13.3 に示されているように、自我状態モデルを使って組織の発達ステージを理解することが出来ます。

図 13.3　組織のステージ

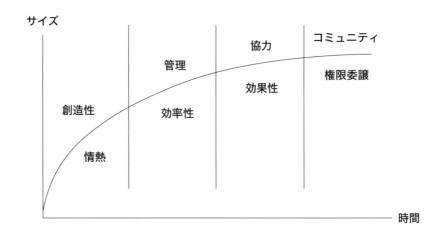

　最初に、誰かが遂行するためには組織が必要だという考えを持っているとします。それは、新しい商品、サービスやネットワークの提供、もしくは新しい宗教の布教かもしれません。組織における早期の発達ステージは、**情熱**（enthusiasm）と**創造性**（creativity）という特徴が見受けられます。そこで働く人々は、熱狂的でエネルギッシュ、そして革新的で、主に「子ども」の自我状態から活動しています。そこでのリーダーシップは比較的容易にとられ、ほとんどの交流は**「自然な子ども」**—**「自然な子ども」**で行われています。

　しかし、しばらくすると請求書の支払いといったようなルーティンワークを誰も手をつけなくなるので問題が起こります。重複が問題化し始め、関わっている人数が増えるとコミュニケーションもままならなくなります。

　このステージでは、組織の手続きが不十分なために組織の多くが失敗しています。悪いキャッシュフロー、生産上の問題、一定しない品質管理か、また同じような手続き上の欠陥などに悩まされます。そこで生き残る組織は、'適切な手続き'確実に導入する人々を新たに加え、そして、もともとある情熱に**効率性**を加えるのです。

　これらの新しい人達は、**管理**によって特徴づけられます。彼らは、規律や手順のマニュアルを導入します。多くの場合、彼らは経理や中間管理職の役割につき、組織を管理することで報酬を得ます。この時のリーダーシップは、**「支配的な親」**—**「順応した子ども」**の交流か、またはもう少し家父長的な組織の中の**「養育的な親」**—**「自然な子ども」**の交流に集中する傾向があります。

　しばらくすると、組織は再び危機に直面します。"管理者たち"は、とても効率的になってくるので、'創造者たち'の創造性や情熱は抑えられていきます。革新は終わり、人々は立ち去るか、もしくはシステムの抜け道を躍起になって探すことに時間を使います。家父長的な企業文化では、人々は組織に守られて自分達の生計を組織が負ってくれているように感じることでしょう。組織は自分たちのシステムによってゆっくりと窒息させられていくのです。

　システムの危機を乗り越える組織は、'管理者'と'創造者'の間で**協力**（co-operation）を得ることに焦点をあてる人たちを連れてきます。これらの'協力者達'は、「機能的な成人」（Functional Adult）の自我状態を主に使い、「親」の経験も「子ども」の感情もどちらにも頼りません。彼らは人事、または人材開発、または従業員関係部門の人達です。彼らは、マネージャー達にはスタッフの感情的なニーズを認めること、またスタッフにはマネジメントからの知恵や経験を受け入れることを目的として働きかけます。

　彼らは、対人スキル、評価制度、より厳格な採用手順などのトレーニングコースを導入します。もしこれらが成功すれば、組織は効率と情熱が組み合わさって**効果性**を高めているので成長し続け

ます。リーダーシップは今や、共同の問題解決で取り組むべき検討課題が進むに伴い、**「機能的な成人」**－**「機能的な成人」**（Functional Adult – Functional Adult）の相互作用を必要としているように思える。

　しかしながら、もし組織がこのステージに留まるとしたら、私たちには使われていない自我状態があるという傾向を残しています。私たちは三者の共生関係に相当するものがあります。大部分の従業員はほとんど未だに、「子ども」の自我状態にあり、マネージャー達は未だに「親」の自我状態によって活動し、そして「成人」の自我状態は人事部によってもたらされます。

　個人にとって、人は全ての自我状態を持っているということを理解し、そして使うことこそが必要なのです。**権限委譲**は、幾分かありふれた用語となってきていますが、将来に必要となるアプローチをもっともよく捉えた言葉です。組織は、人々が持つ能力を最大限に活用できる真の**コミュニティ**にならなければなりません。

　このステージでは、人々は本物のコミュニティを大勢で達成するのは難しいと直感的に感じるため、組織は縮小の傾向をたどります。後退は、組織が市場の力に応じて顕著に規模を縮小することを意味するため、コミュニティに向かう傾向をごまかしがちとなります。自我状態の考え方では、この組織規模の縮小について、もう一つの説明が成り立ちます ── 人々に権限委譲すれば、使える自我状態が3倍になる、と。

革新（Innovation）

　革新をもたらすために、私たちは成功へのステップを使うことが出来ます：

図13.4　革新へのステップ

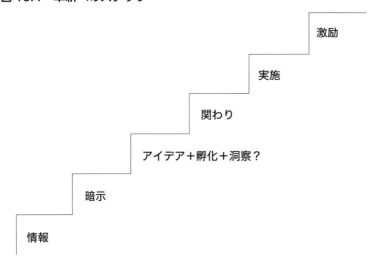

情報（Information）

どんな記録を取るか、どんな統計が使えるか、私たちの周囲に何が起きているかをどの位理解しているか？

暗示（Implications）

私たちが観察するものが何であったとしても、それらの重要性は何でしょう？ 売上数量の減少は、重大な問題になり得るか、もしくは、実際には高値で販売してより多くの利益を上げているという事実を隠す、という可能性があります。売上数量の増加は、価格を低くつけすぎているという問題が隠される可能性があります。

アイデア（Ideas）

物事を変えるには、オプションやアイデアが必要です。およそ実用的ではないアイデアでさえ、重要となります：本当に創造性に富んだ解決策は、しばしば、突拍子もない始まりをします。

このステージには、2つの小さなステップがあるかもしれません ── それは、孵化と洞察です。**孵化（incubation）** は、私たちが問題に対して直接に関わることを止めたときに起こります。恐らく私たちは、問題を一晩寝かせたり、または突然のひらめきを期待する間、何か他のことをするでしょう。**洞察（Insight）** は、突然のひらめきを得る時に起こります；つまり、どのようにして問題を解決したらいいのかを知っている、または、少なくとも問題の根源をとらえている、と理解した時を指しています。

関わり（Involvement）

新しい解決方法が受け容れられるか、可能かどうかを確認する必要性があります。第三者の見解は、特にその問題や解決策に彼らが影響される時は重要です。解決策の実行をする上で彼らの参加を必要とする時はなおさら重要でしょう。

実施（Implementation）

私たちには、立てるべき計画や、手に入れるための予算、体系化する人や資源があるかもしれません。私たちは、アイデアを実行に移すためにそれが実際的であるかどうか、そしてその手続きについて考えなければなりません。

激励（Inspiration）

私たちには、変化することに責任をもって取り組む人々が必要です。特に避けられない困難を克服するべき時には、私たちは人々を動機づけなければなりません。相談をしていない人達から予期せぬ反対が出るかもしれません。または、私たちが実施するにつれ明らかになる

アイデア上の欠陥がでてくるかもしれません。このステップを進んだならば、私たちの創造性の結果と問題解決を活用するための準備が整うでしょう。

帆船サクセス号

　組織を船に例えて、急速な変化の速さに効果的に対処する文化を作りたい時、私たちはどんなことに注意を払わなければいけないかをイラストで説明してみましょう。船を**帆船サクセス号**（Sailship Success）と呼び、状況を**海**（sea）、そして問題を**サメ**（shark）としましょう。私たちは変化の波に対処するために安定が必要であり、天候は偶然の巡りあい（serendipity）を表しています（何故ならば、運というものは、一部の組織の成功または失敗を決定する要因に見えるからです —— 私たちは必ずしも出来事を予測したり、コントロールすることは出来ないのです）。偶然の巡りあいは、**太陽の光**（sunshine）と**嵐**（storm）からなっています。

図 13.5　帆船サクセス号

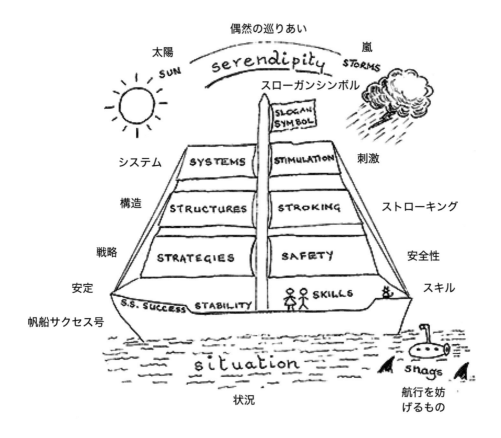

　さらに深刻なレベルでは、帆は文化的な組み換えが求められる時に、考慮すべき一面を思い起こさせるものとなります；私たちはそれらを“ハードウエア”の３つと、“ソフトウエア”の３つにグループ分けすることが出来ます。

ハードウエアの帆

戦略（Strategies）

どのように組織は目的を達成し、ビジョンを実施しますか？

構造（Structures）

それら（目的やビジョン）は組織のねらいに適していますか？

システム（Systems）

これら（目的やビジョン）は効果的に動いていますか、構造や戦略に連動していますか？

ソフトウエアの帆

安全性（Safety）

感情面の安全性はありますか：従業員は自分達が懸念していることをオープンにすることが出来ると感じていますか；組織が自分達に誠実であると信頼していますか？　感情面の安全性は雇用の補償を意味するものではありませんが、懸念している事柄をオープンにディスカッションする雰囲気を内包しています。

ストローキング（Stroking）

組織内のストロークのパターンを分析することは、過去の行動ではなく新しい文化を強化するために何を変える必要があるかを明らかにします。

刺激（Stimulation）

どのように創造性が育まれ、そして新たな試みが奨励されていますか？　変わりつつある人々の発達のためにどのような取り組みがされていますか？　どのようなアレンジが、人々の変わりつつある発達に向けてされていますか？　そして最も重要なのは、どのようなお祝い — イベント、活動、小さくても大きくてもその両方の成功を強化する儀式 — がありますか。間違いであると判明し、学習機会として賞賛されている新たな試みを含む！

　デッキに立っているのは、一定の**スキル（skill）**や**長所（strength）**も**短所（shortcomings）**も持っている組織の内の人々です。

　マストでひるがえっているのは旗で、スローガンや多分シンボルも掲げているでしょう。**スローガン（Slogans）**は組織理念の重要な一部で、彼らが方向性を掴めるように、常に想い起こさせるようなものとなっています。**シンボル（Symbols）**は強いインパクトを持って、言葉にあては

めることができないものを比喩的に心（mind）に‘語りかけ（speak）’ているようです。

　　船長（skipper）あるいは船のキャプテンは誰であるか、**船の乾パン（ship's biscuits）**は何か、**進路・水路（sluices）**を詰まらせるものは何なのか等、このメタファー（隠喩）で遊ぶことが出来ます。

第14章　リーダーシップ

カルマ（KARMA）

　従業員のパフォーマンスを懸念しているマネージャー達に、心理的な理由を探すより前に、以下のKARMAの項目を確認することが役に立つでしょう。

知識（**K**nowledge）

　従業員は、あなたが彼らに何をしてもらいたいのかを知っていますか；あなたの要望を明確にしていますか？

能力（**A**bility）

　彼らは、あなたの望むことをする能力を持っていますか —— 例えば、知性、経験や身体的能力など。

資源（**R**esources）

　彼らは、あなたが望むことをするための資源を持っていますか —— 例えば、時間、道具、関係する人々を動かす権限など。

モチベーション（**M**otivation）

　彼らは、あなたが望むことをするための意欲がありますか；報償は適切ですか；ネガティブな結果が何もないと断言できますか？（例えば残業や、同僚から嫌われること、従業員自身の倫理や価値観との対立）

援助（**A**ssistance）

　上記4項目の解答が全てイエスであれば、次に何らかの方法で従業員を助ける必要があります —— コーチングやトレーニングのいずれかを提供したり — あるいは、仕事以外で彼らを援助することです！

階層的な共生関係

　クイントン・ホールドマン（Quinten Holdeman, 1989）は、図14.1の図に似たものを提示していますが、共生関係の中に「成人」を含めています。彼はまた、共生関係の連鎖の中にいる主要なシニアマネージャーのために、護る親あるいは支柱と言う言葉を作り出し、そしてまた、もう一方

の人に対しては下位の共生者という言葉を作り出したのです。

図 14.1　階層的な共生関係

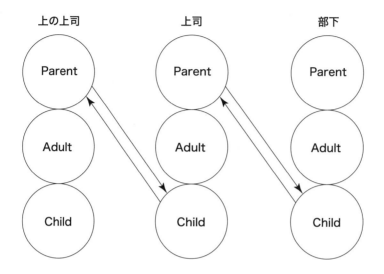

潜在的な力

力の源となる donkey bridge は：

身体／肉体的な（Physical）

例．より大きいのか、より小さいのか。

金銭上の（Pecuniary）

具体的な報酬または罰金をする権限がある。

パフォーマンス（Performance）

知識、スキルや専門性による力。

個人の（Personal）

対人スキルを通して肯定的に示すか、あるいは操作的スキルを通して否定的に示すか。

心理的な（Psychological）

カリスマ（人を引き付ける強い個性）、指示する力として肯定的に、そして、裏面交流を通して否定的に。

地位的（Positional）

役割、階層の中の地位、法的な文脈に伴う。

政治的（Political）

観念的な力、信念や価値観に基づく。

私が‘強制的’を含めないのは、それが力の源というよりはむしろ、行動であるため、ということに注目してください。

リーダーシップのスタイル

　第9章 ＡＰ³―診断のためのキューブにおいて、私たちは人の好みに関連づけてリーダーシップスタイルを示しました。これらは、図9.2 ＡＰ³のＡＢＣで、世話をする、相談する、管理的、繋がり、簡潔な！です。

　最も効果的なリーダーとは、自分自身のやり方でただ指導するのではなく、従業員一人ひとりに合わせて全てのスタイルを使っていくことができる人たちなのです。

第15章　変化

力量の曲線

　組織内の変化は、個人の変化をもたらします。私は人々が体験する典型的なプロセスを説明するのに、パム・レヴィンの発達サイクル（Pam Levin, 1982）を用います。私はらせん状の形をコンピテンスの曲線に置き換えて、どのように私たちの力量のレベルが異なるステージによって変わるのかを説明します。

　私はこれらの変化は正常であり、そして、経営幹部、専門家、または中間管理職レベルの職務における変化は、多くの場合、その変化が完了するのに2年または2年以上の歳月が、かかりうることを指摘します。組織はしばしば、個人が変化を達成して、ある程度快適になる前に、再構築するものなのです！

図15.1　力量の曲線

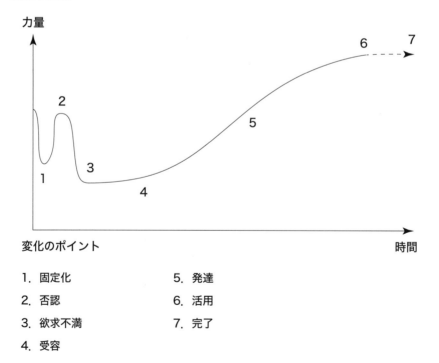

変化のポイント

1. 固定化　　　　　5. 発達
2. 否認　　　　　　6. 活用
3. 欲求不満　　　　7. 完了
4. 受容

　力量の曲線は、測定するためのものではありません。後のステージは、通常、早期のステージよりもより長い時間がかかり、数分または数時間で完了するでしょう。それらは、比較的短くても依然として重要です。また、異なる個人、異なる変化のために、異なる期間があるでしょう。

1. **固定化（Immobilisation）** は変化のポイントの後に生じ、発達のサイクルにおける**存在（Being）** ステージに関連します。職場において、このステージで、私たちは成果を出さなくても歓迎されていると感じる必要があります。

2. **否認（Denial）** は**探索（Exploring）**（またはレヴィンが言うところの Doing）ステージに関連します。私たちは新しい状況に慣れ、環境を探索する時間が必要です。私たちは、安全な構造の中でこのことを確実にできるようにするために第三者を必要とします。

3. **欲求不満（Frustration）** は**思考（Thinking）** ステージに対応します。私たちは自分たちの新たな役割やそこに何が含まれるかを考えたいのです。私たちは、人々が辛抱強くあり、私たち自身が考えることを人々に許してもらうことが必要なのです。

4. **受容（Acceptance）** は**アイデンティティ（Identity）** ステージです。私たちは、変化を経験し、何らかの方法でこれまでとは違う人になることを受け入れていきます。私たちは、どのようなスタイルのマネージャーになるのか、どのようなタイプのエンジニアになるのかなどを決めていきます。私たちは、課せられた会社のスタイルを取るよりも、自分たちの選択をするために辛抱強くあることが必要です。

5. **発達（Development）** は**スキル／構造（Skills/Strcture）** ステージです。ここでようやく私たちは、自分たちの新たな役割におけるトレーニングと発達のための準備ができました。多くの組織では、人々が新たな役割の意味を本当に理解する前に、あまりにも早くトレーニングをしてしまいます。

6. **活用（Application）** は**統合（Integration）** ステージです。そこで、私たちはこれまでの学習を活かし、前述のステージを一つにまとめます。

7. **完了（Completion）** は**リサイクリング（Recycling）** ステージです。私たちは、変化を起こすプロセスを完結し、変化の途中であるという気持ちを感じずに、次の変化に向けて――そして、私たちの成長における次のステージに向けて準備ができています。

目的の設定

どんなトレーニングコースでも参加者の変化につながります。彼らが活用ステージへの移行を支援するために、私たちは、コースが終了したらどのように行動を変えていくかについて、明確で具体的な目的を掲げるよう促すことができます。'良い'目的のための３つのガイドラインは：

■　**測定可能な（Measurable）**

測定可能な目的を言葉にしない限り、私たちはそれを達成したことを知って満足を得ることはありません。'もっとストロークを与えなさい'では、あいまいすぎます；'モハメッドに肯定的ストロークを週に３回与えなさい'とした方が、自分たちの**「親」**に宿題をしているか確認させ ― そして私たちは報われるのです。

■　**管理可能な（Manageable）**

トレーニングコースの後、私たちは自分自身を全く変えたい誘惑にしばしば陥りがちです。その

代わりに、私たちは管理可能な量に取り組む必要があるのです。私たちの**「成人」**は、現実的なことに働きかけることが出来ます。一週間に50回以上のストロークを与えることは、ほとんどの人にとって負担となることでしょう；目標に50回を掲げて失敗するよりも、5回を掲げて達成した方が良いのです。

■　モチベーションとなる（Motivational）

もしアクションプランに**「子ども」**が投資されていなければ、達成する見込みはないでしょう。よって、私たちはＷＩＦＭ─それは私にとってどんな利益があるの？（What's in it for me?）─をチェックする必要があります。私たちがモハメッドとほとんど会わないのならば、より良い仕事関係は、私たちにとって重要なことではないように思われます。しかしながら、モハメッドが私たちのマネージャーであるならば、ストロークパターンの改善はたいへん有益なことかもしれません。

イギリスにはM&M'sと呼ばれるお菓子があります。お菓子会社は、Mの文字を正面にあしらったプラスチック製の人形を作っています。これらは、素晴らしい Donkey Bridges です。私は3色の色違いで、「親」、「成人」そして「子ども」を表すミディアムサイズの人形を持っています。また、私は腕が動く大きなサイズの人形も持っています；腕を押すと一握りのチョコが出てくる仕掛けになっています。MMMのガイドラインに基づいてアクションプランを作ったことを他の参加者によって再確認されたとき、シニアマネージャーでさえも、並んでそのシェアの順番を待つでしょう。

スペクトル（SPECTRE）

変化が予想・期待される時、考慮すべき要因のチェックリストとしてスペクトル（SPECTRE）を使うよう人に勧めることで、'ソフト'な問題にのみ注意を払いがちな傾向に対抗することができます。（帆船サクセス号にあったように）

スペクトル（SPECTRE）とは、社会的（Social）、政治的（Political）、経済的（Economic）、競争的（Competition）、技術的（Technological）、規制的（Regulatory）そして環境的（Environmental）な、組織に（または個人としても）なんらかの影響を与える要因を意味します。私たちは、それぞれの要因について、それらが持ちうる影響を考慮する必要があります ── 未然に防ぐためにどんなアクションを起こすべきか、あるいはそのような傾向を促進すべきか、のどちらかです。

社会的（Social）

あなたの組織に影響を与える社会的要因（例. 教育、家族のかたち、健康、引退後の期待）とは何か；文化的規範はどのように変遷するのか；職場と家庭の生活パターンにおける変化とは何か；社会的発展はあなたの組織の構造の在り方、またはあなたが雇用した人たちの在り方をいかに変えるのか？

政治的（Political）

　政治はあなたの組織にどのような影響を与えるのか；もしも地方行政または国家政府の政治や政治家が変わったとしたら何が起こるのか；あなたの組織は、1つ以上の国家の政治に影響を受けるのか；もしも政治的不安が、あなたの仕事の領域のどこかで起きた場合は何が起こるのか；ビジネスの新しい分野の政治的な意味合いは何か？

経済的（Economic）

　景気はどのようにあなたの組織に影響を与えるのか；利率が変わったら何が起こるのか；国際的な貨幣的要因とは何か；売買パターンの変化はあなたのキャッシュフローや他の財務状況にどう影響するのか；どのような投資をする必要があるのか？

競争的（Competition）

　あなたの競争相手は何に取り組んでいるのか；どのような新しい競争相手、そして／または、商品が出てくるのか；競争相手が消費者に対してどのようなインパクトを持っているのか；あなたの市場はいかに変動しにくいのか、それとも変動しやすいのか；あなたの組織、そして／または、商品をどのようにマーケティングするのか；競争的階層の中であなたはどこに位置づけられ、そしてどの位置に行こうと望んでいるのか？

技術的（Technological）

　どのような技術的革新があなたの組織に影響を与えやすいのか；あなたは技術的進歩を最大限に活用しているのか；技術にどのような資源を割り当てる必要があるのか；組織的有効性を高めるために、新しい技術をどのように用いるのか；技術はあなたの仕入先や顧客にどのように影響を与えるのか？

規制的（Regulatory）

　どのような法的要件があなたの組織、そして／または、商品に影響を与えやすいのか；あなたの雇用慣行や生産工程そしてマーケティング戦略をいかに変えていかなければいけないのか。あなたや、あなたが所属する業界や職種の他の人たちの行動に影響を与える新しい規制ができるとしたら何か？

環境的（Environmental）

　あなたの組織に影響を与える環境的な変化は何か；環境管理（例．公害、倫理的慣習）のために変わっていく要件が、あなたの作業プロセス、そして／また、コストにどのように影響するか；あなたの施設がある地域の環境にどんな変化が起こるのか；あなたの製品に必要な世界の資源とは、そしてそれらのうち枯渇しつつあるものが、もしあるとすればそれは何か？

第16章　あなた自身の能力

何が含まれているかを思い出すこと ─ Ｄ5

　私はＴＳＴＡ最終試験の準備をする多くの人達にコーチをして、彼らが教えるそれぞれのトピックに適用する以下のチェックリストを発案しました：

定義（Definition）

　　自分が使っている定義を示す、またはＴＡの試験のために定義と、そしてＴＡの文献の出典を示す。

図（Diagram）

　　多くのＴＡの概念には図がある。意図していないメッセージ（先に述べた私のコメント、例えばスクリプト・マトリックスに出てくる「子ども」に入り込む線が与える影響について見る）や、ＴＡの試験のために、その図の発案者が描いたように書いたり、又はなぜ書かなかったのかを説明する。

記述（Description）

　　コンセプトを説明する／記述する。

デモンストレーション（Demonstration）

　　専門家としての文脈において、どのように適用できるかの事例をひとつ（または、ふたつ）挙げる。

それでやる（Do with it）

　　あなたの聴衆に、そのコンセプトで何ができるのか、なぜ役に立つかを伝えたり、それを使う時の注意点を伝える（例えば、感情的な反応を刺激しがちである）。

実践段階

　カウンセリング、コーチングやメンタリングなど、専門家の実践段階のために、2つの Donkey Bridges の選択があります。

1. **同盟（Alliance）**

　　─ お互いに知りあい、一緒に何をするのかについて同意する。

2. **アセスメント（Assessment）**

　— クライエントが、現時点の状況やこの先起こりうる状況、本人の特性、スキルや知識について、アセスメントすることを助ける。

3. **分析（Analysis）**

　— 時間と状況に応じてテーマや様式を特定するようにクライエントを促す。

4. **選択肢（Alternatives）**

　— クライエントが選択するオプションをクライエント自身が特定するように促す。

5. **アクションプラン（Action planning）**

　— 不測の事態を考慮に入れ、クライエントが何をするのか計画するよう促す。

6. **実行（Application）**

　— クライエントは、実践者からの継続的なサポートの有無にかかわらず、行動計画を実行する。

7. **監査（Auditing）**

　— これは実は7番目の段階ではなく、継続的であるべきものである — 相互作用の効果を絶えず強化することを念頭に置いて、関係性を観察することを意味している。

　もう一つの Donkey bridge の段階の図では、以下に示すように2つの構成要素を'トップと底'にしています。包括的で土台となる構成要素に、5つのステージがあることを明確にするために、線が追加されています。

スーパービジョン Supervision	実践者が支援され、自身の能力を伸ばそうとするときに、全ての段階にわたるものである
1. 始動 Starting off	ニーズの確認やふさわしい実践者を探すなど、これらの活動は、実践者とクライエントが一緒になる以前に行われるものである
2. 下準備 Setting up	明確なコントラクトを結び、効果的な仕事の関係を築くことである
3. 棚卸し Stocktaking	クライエントの現在の状況、スキルのレベル、学習ニーズなどをアセスメントすることである
4. 戦略を立てる Strategising	実践者からの'教え'、あるいはクライエントの'練習'が必要なのかどうか、何をする必要があるのか、それをやるのかを検討することである
5. 別れを告げる Saying goodbye	関係を「死」なせたり、放置して漂流させてしまうのではなく、健全な方法で関係を終わらせることである
自己認識 Self awareness	実践者が自身の特性を最大限に活かし、自身の問題の影響を最小限に抑えるときに、全ての段階を下支えするものである

スーパー - ビジョンのための契約を結ぶ

　スーパー‐ビジョン（super-vision）のスペルにハイフンを使うのは一つの Donkey bridge の形式であることに注目して下さい。それは、言葉の意味に注意を払わせて、スーパーバイジーが、実践において自身の素晴らしい洞察力、あるいは、より上位の視点が発達するように促進する意図があるのです。

　それぞれのスーパービジョンを始めるにあたっての簡易チェックリストは、全体の枠組みとしても適用できるもので、それは３つのＲを考えることです ─ この場合、**結果（results）**、**関係 (relationship)** そして**責任（responsibility）**です。

結果（Results）とは、スーパーバイジーがその時間内で達成したいと思うものです ─ 例えば、彼らは、自身の考えを明確にしたいのか、介入を分析したいのか、今後のオプションを明らかにしたいのか？　スーパーバイザーは、使える時間やスーパーバイジー自身の経験のレベルにおいてそれらの結果が現実的かどうか、そして彼らがそれらの作業をスーパーバイズする能力があるかどうかをチェックすることが出来るのです。

関係（Relationship）とは、スーパーバイザーとスーパーバイジーが、一つのスーパービジョンについて一緒に共同作業することに、いかに同意するかを意味します。スーパーバイジーは、質問をされ、話すことを許され、考えを伝え、構造的なアプローチを通じて促され、情報を与えられ、より大きな洞察をするように求められ、難しいクライエントにはサポートをされたい、等でしょうか？

責任（Responsibility）とは、本質的に、スーパーバイザーは‘十分に良い’（スーパーバイザーができる最高）のスーパービジョンを提供する責任があり、また、スーパーバイジーは、スーパーバイザーから何を得るのか、将来どのように行動するのか、次回、クライエントと会う時どうするかを決める責任がある、ということを念頭に置いて記載されています。

スーパー‐ビジョンの機能

　スーパービジョンの本質を深く考えるうえで役立つ方法は、約20年前にブリジット・プロクター（Brigid Proctor, 1986）が記述した３つの要素の中にあります。彼女はスーパービジョンに次のものが含まれると提唱しました：

模範的（normative）

　　スーパーバイザーは、確実に、実践者が能力を活かして、倫理的な方法で、実践をすること

への責任があります。；それは、彼らがどのような職業、組織、国家においても規範や法律が適用される範囲内で仕事をすること；そして良い実践者としてあるべき行動をしていることです。

形成的 (formative)

スーパーバイザーは、実践者の発達と成長において役割を担っています；それは、フィードバック、直接的なガイダンスやロールモデリング、または、様々な他のオプション等によってなされるかもしれません；その目的は、実践者としてのスキル、理論的な知識、個人的な特質、自己意識などを発達させ、さらに彼らが能力を高めることです。

支援的 (Supportive)

スーパーバイザーは、生じて当然な疑問や、不安感が起きた時に実践者を支援するためにいるのです；実践者の個人的な問題が歴然と現れたとき、挑戦し、（支援的に！）直面するように促します；そして、クライエントの問題が実践者によって'取り上げられた'とき、'安全弁'を提供します。（プロクターはこれを気付け薬と呼びましたが、彼女は、啓発的な実践家よりも、より'悲惨な'クライエントの問題に遭遇しがちなカウンセラーのスーパービジョンについて書いていました）

転移 (Transference)

転移をより詳細に見ると、いくつかの形式を特定することができます。ノヴェリノとモイソ（Novellino & Moiso, 1990）は、セラピーについて次のように記述しています：クライエントはセラピストに自分達を一体化させていく；クライエントは、セラピストに自分自身の中に存在すると信じている'良いもの'全て、または'悪いもの'全てをセラピストに投影します。；そして三者、（3連構造の）つまりクライエントが自分の「親」の自我状態を投影するところですが、その内容は他人からコピーされたものを、セラピストに投影するのです。クラークソン（Clarkson, 1991）はこのように書いています：相補的では、クライエントがセラピストに共生的な関係を求める；調和的では、クライエントがセラピストに自分自身の側面を投影するので、両者は似て見える；破壊的では、行動化あるいはそれと類似のもので、セラピーが前に進まないことを意味します；そして、促進的転移では、クライエントがセラピストを選ぶので、クライエントは過去の自分にとって効果的な行動パターンを依然として使うことが出来るのです。

発展的ＴＡの活用法にこれらのアイデアを活かすことで、2つの次元に分類することが出来ます：

- 私たち自身、または他の誰か（第三者）の要素を、私たちが関わっている誰かに投影する。
- 他人と仲良くやっているように見える、もしくは、お互いに関係することに問題があるように、

投影する。

図 16.1　転移のフォーマット

自己の投影

競争的（Competitive）	調和的（Concordant）
私たちは、自分自身の「子ども」あるいは「親」の自我状態の要素を他人に投影して、どちらの「子ども」あるいは「親」が優先されるか、競争的な共生関係に入っていく	私たちは、自分自身の「子ども」あるいは「親」の自我状態の要素を他人に投影して、それらを私たちらしいと信じ、お互いに共感しあう
葛藤的（Conflictual）	共依存的（Co-Dependent）
私たちは、'第三者'の要素を他人に投影し、そして、「親」―「子ども」あるいは「子ども」―「親」の相互作用の中で'闘わなければならない'と感じる	私たちは、'第三者'の要素を他人に投影し、そして、「親」―「子ども」あるいは「子ども」―「親」の共生関係を求める

関係する
ことに
問題がある（左側）

仲良くやって
いるように
見える（右側）

他者の投影

　これらの2つの軸を使うことで、4つの大きなカテゴリーで簡単な転移モデルを表し、私たちとクライエント又は生徒の間で何が起こっているか、考えることを簡単にしてくれるのです。

ORIGINAL TA SOURCES

Autonomy - Berne, Eric (1964) *Games People Play* New York: Grove Press

Assessing Quadrant - Kahler, Taibi (1979) *Managing with the Process Communication Model*, Human Development Publications

Cycles of Development - Levin, Pamela (1982) The cycle of development *Transactional Analysis Journal* 12:2, 129-139

Discounting - Mellor, Ken and Schiff, Eric (1975) Discounting *Transactional Analysis Journal* 5:3, 295-302

Drama Diamond - Barnes, Graham (1981) On Saying Hello *Transactional Analysis Journal* 11:1, 22-32

Drama Triangle - Karpman, Stephen (1968) Fairy Tales and Script Drama Analysis *Transactional Analysis Bulletin* 7:26, 39-43

Drivers - Kahler, Taibi (1975) Drivers: The Key to the Process of Scripts *Transactional Analysis Journal* 5:3, 280-284

Game Roles - Summerton, R (1992) The Game Pentagon *Transactional Analysis Journal* 22:2, 66-75 and Napper, R (2009) Personal communication

Games - Berne, Eric (1964) *Games People Play* New York: Grove Press

Group Imagoes - Berne, Eric (1963) *Structure and Dynamics of Organizations and Groups* Philadelphia: Lippincott

Group Processes - Gobes, Landy (1993) C4P4: A Consultation Checklist *Transactional Analysis Journal* 23:1 42-44

Group Stages - G6 — Misel, Lary (1975) T Stages of Group Treatment *Transactional Analysis Journal* 5:4, 385-391

Hierarchical Symbiosis - Haldeman, Quinten L (1989) The Symbiotic Chain *Transactional Analysis Journal* 19:3, 137-144

Injunctions - Goulding R and Goulding M (1976) Injunctions, Decisions and Redecisions *Transactional Analysis Journal* 6:1, 41-48

IOKYOK/SHNOK - Wilson, John H (1975) *IOKYOKs vs the SKNOKs Transactional Analysis Journal* 5:3, 247-249

Life Positions - Berne, Eric (1962) Classification of Positions *Transactional Analysis Bulletin* 1, 23

OK Corral - Ernst, Franklyn (1971) The OK Corral *Transactional Analysis Journal* 1:4 231-240

Organisational Diagrams - Berne, Eric (1963) *Structure and Dynamics of Organizations and Groups* Philadelphia: Lippincott

Permission, Protection, Potency - Crossman, Pat (1966) Permission and Protection *Transactional Analysis Bulletin* 5(19) 152-154 and Steiner, Clause (1968) TA as a Treatment Philosophy *Transactional Analysis Bulletin* 7:27, 61-64

Physis - Berne, Eric (1957) *A Layman's Guide to Psychiatry and Psychoanalysis* NewYork: Simon and Schuster (original work published in 1947 as The Mind in Action New York: Simon and Schuster)

Playing (added to Time Structuring) - Cowles-Boyd, L and Boyd H (1980) Play as a Time Structure *Transactional Analysis Journal* 10:1, 5-7

Power - Krausz, R (1968) Power and Leadership *Transactional Analysis Journal* 16:2, 85-94 and Jacobs, A (1987) Autocratic Power *Transactional Analysis Journal* 17(3), 59-71

Racket System - Erskine, Richard and Zackman, Marilyn (1979) The Racket System; a model for racket analysis *Transactional Analysis Journal* 9:1, 51-59

Script - Berne, Eric (1961) *Transactional Analysis in Psychotherapy* New York: Grove Press

Script Matrix - Berne, Eric (1972) *What do you say after you say Hello?* New York: Grove Press

Strokes - Berne, Eric (1964) *Games People Play* New York: Grove Press

Three Cornered Contract - English, Fanita (1975) The Three Cornered Contract *Transactional Analysis Journal* 5:4 383-4

Time Structuring - Berne, Eric (1961) *Transactional Analysis in Psychotherapy* New York: Grove Press

Transference - Novellino, Michele and Moiso, Carlo(1990) The Psychodynamic Approach to Transactional Analysis *Transactional Analysis Journal* 20:3 187-192 and Petruska Clarkson, (1991) *Transactional Analysis Psychotherapy* London: Routledge

Warm Fuzzies -Steiner, Claude A Warm Fuzzy Tale (1969) see http://www.emotional-literacy.com/fuzzy.htm

Winner's Triangle - Choy, Acey (1990) The Winner's Triangle *Transactional Analysis Journal* 20:1, 40-46

WHERE DONKEY BRIDGES FIRST APPEARED

JULIE HAY

AP[3] - as AP[2] Creating Community - The Task of Leadership *Leadership and Organizational Development Journal* 14 (7) 1993

AP[3] - The Assessing Cube *TA UK* Spring 2001

Autonomy Matrix - *INTAND Newsletter* 5(1) Nov 1997

BARS - *Working it Out at Work* Sherwood Publishing 1993

BBB - *Working it Out at Work* Sherwood Publishing 1993

Behavioural Ego States - *INTAND Newsletter* 2(1) Mar 1994

C5P5A5 - as *C4P5A3 INTAD Newsletter* 1(1) Jan 1993

Coaching Transactions - *INTAND Newsletter* 10(3) Sept 2002

Competence Curve - *Transactional Analysis for Trainers* McGraw Hill 1992

Contracting Levels - as *procedural, professional, psychological, perceptual, political INTAND Newsletter* 8 (4) June 2000

Creativity - *Transactional Analysis for Trainers* McGraw Hill 1992

Decision Making - *Working it Out at Work* Sherwood Publishing 1993

Discounting - the 6 Levels appeared first in *INTAD Newsletter* 1(4) Dec 1993

Disposition Diamond - *Transactional Analysis for Trainers* McGraw Hill 1992

Ego States of the Organisation - *INTAD Newsletter* 1(4) Dec 1993

Hierarchy -P-C only - *Transactional Analysis for Trainers* McGraw Hill 1992

Innovation - *Transactional Analysis for Trainers* McGraw Hill 1992

Internal Ego States and Thinking - *Transactional Analysis for Trainers* McGraw Hill 1992

KARMA - *INTAND Newsletter* 6(2) June 1998

Language Patterns - *INTAND Newsletter* 7(1) Nov 1999

Maybe (story) - *INTAND Newsletter* 8(3) Sept 2000

MMM (Objective Setting) - *INTAD Newsletter* 1(4) Dec 1993

Motivation Location - *INTAND Newsletter* 3(2) June 1995

NOICISED - *Transactional Analysis for Trainers* McGraw Hill 1992

Personal Styles - *Transactional Analysis for Trainers* McGraw Hill 1992

Potency Pyramid - appeared as *Autonomy Triangle in Transformational Mentoring* McGraw Hill 1995, Sherwood Publishing 1999

PRO (Success) - *Transactional Analysis for Trainers* 2nd edition Sherwood Publishing 2009

R4C4P4 - Groundrules for Groups - *INTAND Newsletter* 9(2/3) June/Sept 2001

Sailship Success - *INTAND Newsletter* 4(1) Nov 1996

Solution Stroking - *Transactional Analysis for Trainers* McGraw Hill 1992

SPECTRE - *INTAND Newsletter* 8(3) Sept 2000

Steps to Success - *INTAND Newsletter* 4(3) Sept 1996

Stones in the Pitcher (story) - *INTAND Newsletter* 8(3) Sept 2000

Transference - *INTAND Newsletter* 11(1) Nov 2003

Warm Fuzzies (revised) - *INTAND Newsletter* 3(2) June 1995

Windows on the World - with Open Window - *INTAND Newsletter* 8(2) June 2000

Windows on the World - with 8 windows plus open window - Making meaning *IDTA Newsletter* 5(2) July 2010

OTHER AUTHORS

Group Stages - G6 - Misel, Lory T *Stages of Group Treatment Transactional Analysis Journal* 5(4) Oct 1975

IOKYOK/SHNOK - Wilson, John H *IOKYOKs vs the SKNOKs Transactional Analysis Journal* 5(3) July 1975

Game Roles - Summerton, R *The Game Pentagon Transactional Analysis Journal* 22(2) April 1992 and Napper, R Personal communication 2009

Warm Fuzzies -Steiner, Claude *A Warm Fuzzy Tale* 1969 see http://www.emotional-literacy.com/fuzzy.htm

SHOULDN'TS Chris Davidson - *INTAND Newsletter* 9(1) Nov 2001

Priest Prophet Pastor - Anne de Graaf - *INTAND Newsletter* 9(2/3) June/Sept 2001

REFERENCES

Allen, Brian (1971) Suzy and the Parrot *Transactional Analysis Journal* 1:3, 36-37

Barnes, Graham (1981) On Saying Hello *Transactional Analysis Journal* 11:1, 22-32

Berne, Eric (1957) *A Layman's Guide to Psychiatry and Psychoanalysis* New York: Simon and Schuster (original work published in 1947 as *The Mind in Action* New York: Simon and Schuster)

Berne, Eric (1961) *Transactional Analysis in Psychotherapy* New York: Grove Press

Berne, Eric (1962) Classification of Positions *Transactional Analysis Bulletin* 1, 23

Berne, Eric (1963) *Structure and Dynamics of Organizations and Groups* Philadelphia: Lippincott

Berne, Eric (1964) *Games People Play* New York: Grove Press

Berne, Eric (1968) (writing as Cyprian St Cyr) The Gordon Knot *Transactional Analysis Bulletin* 7(23) January

Berne, Eric (1972) *What do you say after you say Hello?* New York: Grove Press

Blanchard K & Johnson S (2004) *The One Minute Manager* New York: HarperCollins

Choy, Acey (1990) The Winner's Triangle *Transactional Analysis Journal* 20:1, 40-46

Cowles-Boyd, L and Boyd H (1980) Play as a Time Structure *Transactional Analysis Journal* 10:1, 5-7

Crossman, Pat (1966) Permission and Protection *Transactional Analysis Bulletin* 5(19) 152-154

English, Fanita (1975) The Three Cornered Contract *Transactional Analysis Journal* 5:4 383-4

Ernst, Franklyn (1971) The OK Corral *Transactional Analysis Journal* 1:4 231-240

Erskine, Richard and Zackman, Marilyn (1979) The Racket System; a model for racket analysis *Transactional Analysis Journal* 9:1, 51-59

Gobes, Landy (1993) C4P4: A Consultation Checklist *Transactional Analysis Journal* 23:1 42-44

Goulding R and Goulding M (1976) Injunctions, Decisions and Redecisions *Transactional Analysis Journal* 6:1, 41-48

Haimowitz, M L & Haimowitz N R (1976) *Suffering is Optional* Haimowoods Press

Hay, J — see list of where donkey bridges first appeared and books by same author listed at front of book

Holdeman, Quinten L (1989) The Symbiotic Chain *Transactional Analysis Journal* 19:3, 137-144

Jacobs, A (1987) Autocratic Power *Transactional Analysis Journal* 17(3), 59-71

Kahler, Taibi (1975) Drivers: The Key to the Process of Scripts *Transactional Analysis Journal* 5:3, 280-284

Kahler, Taibi (1979) *Managing with the Process Communication Model*, Human Development Publications

Karpman, Stephen (1968) Fairy Tales and Script Drama Analysis *Transactional Analysis Bulletin* 7:26, 39-43

Krausz, R (1968) Power and Leadership *Transactional Analysis Journal* 16:2, 85-94

Levin, Pamela (1982) The cycle of development *Transactional Analysis Journal* 12:2, 129-139

Mellor, Ken and Schiff, Eric (1975) Discounting *Transactional Analysis Journal* 5:3, 295-302

Misel, Lory (1975) T Stages of Group Treatment *Transactional Analysis Journal* 5:4, 385-391

Napper, R (2009) Personal communication

Novellino, Michele and Moiso, Carlo(1990) The Psychodynamic Approach to Transactional Analysis *Transactional Analysis Journal* 20:3 187-192, Petruska Clarkson (1991) *Transactional Analysis Psychotherapy* London: Routledge

Searles H F (1955) The informational value of the supervisor's emotional experiences *Psychiatry* No 18 pp 135-146

Seligman, Martin E. P. (2002) *Authentic Happiness: Using the New Positive Psychology to Realize Your Potential for Lasting Fulfillment.* New York: Free Press

Steiner, Claude (1968) TA as a Treatment Philosophy *Transactional Analysis Bulletin* 7:27, 61-64

Steiner, Claude (1969) A Warm Fuzzy Tale see http://www.emotional-literacy.com/fuzzy.htm

Summerton, R (1992) The Game Pentagon *Transactional Analysis Journal* 22:2, 66-75

Wilson, John H (1975) IOKYOKs vs the SKNOKs *Transactional Analysis Journal* 5:3, 247-249

索　引

監訳者あとがき

　この本は、著者も「本書について」で書かれていますが、TA の教科書ではありません。言うなればTA と言う教科を教えるため、あるいは学ぶための参考書、または手引き、です。しかし電気・IT 機器についてくる、読めば読むほど分からなくなる「取り扱い説明書・トリセツ」ではありません。

　TA の創始者エリック・バーンは精神科医でTA を患者さんの治療のための理論、技法として開発し、その臨床経験に基づいた研究からTA の諸理論は生まれました。そのため、かなり難しい、怖い？理論といえます。「親」「成人」「子ども」という自我状態の名前も、ゲーム・脚本も単純な日常語でありながら、その意味は正常―異常、健康―病理、肯定的―否定的と、様々な状態を表しています。そして、ともすれば医師としてのバーンの基本姿勢は治療ということなので、用語もマイナスな状態として捉えていることが多いのです。著者 Julie Hay はイギリス人で国際 TA 協会が定めた４つの分野、心理療法・カウンセリング・教育・組織のすべてにおいて教授資格を有する世界で唯一（現在までは）の心理学者であり、さらに臨床家・教育者です。彼女は過去には国際 TA 協会の会長にも就任し、長年にわたり TA を世界中に普及させることに尽力して、大きな成果を上げてきました。その間、彼女は TA の理論がともすれば否定的な用語の解釈が多いことを感じ、用語の持っている意味をマイナスではなく肯定的に解釈し、説明をすることを試みてきました。その彼女の思考・技法が纏められてこの本が生まれました。Donkey Bridge と言う言葉は私たち日本人にはちょっとピンとこない言葉ですが、ヨーロッパでは―頑固で臆病なロバに怖がる橋を渡らせるには―、難しいことを易しくする方法、というおなじみの言い方だそうです。彼女もご自身で書かれていますが、この最初のきっかけが 1994 年西インド諸島のアルバというところで行われた国際大会で、参加する日本人の通訳へのメモ用に書かれた原稿が基になっているそうです。幸いにも、あるいは不幸にもといえるかもしれませんが、その大会への日本人の出席者は私一人でした。そのため彼女の用意した通訳へのメモ原稿は日の目を見なかったわけです。彼女は、それをきっかけにいろいろとアイデアを考え、書き続けて一冊の本に仕上げたのです。彼女は「この本はとっても日本に縁があるのよ」と私が翻訳出版の打診をしたときに喜んでくださいました。そして、橋本由香さん、岡野亜希子さんという TA の仲間と一緒に楽しく作業をした結果、風間書房風間敬子社長のご尽力で出版に至りました。翻訳者お二人の「成人」「自由な子ども」を中心に、私の「親」と風間社長の「成人」が、この Donkey Bridge という子どもを産みだしたのだと思います。この子をこれから読者の皆様お一人お一人に委ねます。楽しんで一緒に Bridge を渡っていきましょう。

　ありがとうございました。

　　　　　　　　　　　　　　　　　　　　　　　　　　　　　　　　　　繁田千恵

訳者あとがき

　この本の翻訳に至る経緯は、2013 年の ITAA 大阪大会準備委員や翌年のサンフランシスコ大会でボランティア通訳をしたご縁で、監訳者の繁田千恵先生から「Donkey Bridges の翻訳を一緒に」というお誘いを、まず橋本が引き受けたことから始まります。橋本の最初の楽しみは、翻訳しながら自分に足りない TA 知識を勉強することでした。しばらくして、大阪・サンフランシスコにて同じくボランティア仲間だった岡野がジョイントし、TA 用語や専門的な表現の確認が強化されました。また、繁田先生宅で行う翻訳チェック会議と称した 3 人の食事会の楽しみも加わりました。そして 2019 年春、著者のジュリー・ヘイ先生が初来日され、出版への道筋がより具体的になり、今日に至ります。無事出版の運びとなったことを大変嬉しく思います。

　この翻訳を通して、TA を生きていらっしゃる方々から多くを学ぶ日々に、心より深く感謝しています。

橋本由香・岡野亜希子

監訳者紹介

繁田千恵（しげた　ちえ）

立正大学大学院文学研究科博士課程修了　博士（文学）
国際交流分析協会教授会員
臨床心理士
NPO法人カウンセリング教育サポートセンター理事　カウンセラー
TA心理療法研究所所長

訳者紹介

橋本由香（はしもと　ゆか）

US国際大学大学院ロンドン校卒業、MBA取得（国際経営管理学修士課程修了）
TA研究部会運営委員
キャリアコンサルタント
埼玉女子短期大学特任講師

岡野亜希子（おかの　あきこ）

駒沢短期大学卒業
産業カウンセラー
キャリアコンサルタント
ICC認定コーチ
社会産業教育研究所代表

発展的TAのためのドンキーブリッジ
　　―交流分析を覚えやすく、使いやすくするガイドブック―

2020年9月30日　初版第1刷発行

著　者　　ジュリー・ヘイ

監訳者　　繁　田　千　恵

訳　者　　橋　本　由　香
　　　　　岡　野　亜希子

発行者　　風　間　敬　子

発行所　　株式会社　風　間　書　房

〒101-0051　東京都千代田区神田神保町1-34
電話 03(3291)5729　FAX 03(3291)5757
振替 00110-5-1853

印刷　堀江制作・平河工業社　　製本　井上製本所

©2020　　　　　　　　　　　　　　　　　NDC分類：146.8

ISBN978-4-7599-2339-1　　Printed in Japan